故宫里的江南

清代宫廷珍玩与苏作

吴中博物馆 编

北京大学出版社

总 策 划	王跃工	陈曾路		
总 统 筹	李永兴	陈小玲		
总 协 调	吕韶音	龚依冰		
内容策划	文 明	刘国梁		
布展撤展	刘国梁	赵炳文	阮卫萍	田艺珉
	王中旭	马云华	高晓然	梁 科
	展梦夏	许 彤	杨立为	李逢源
	龚依冰	郭笑微	宁振南	章 璐
	马鸣远	高 超	张 雷	姬美娇

编辑委员会

主 编	文 明	陈曾路
执行主编	刘国梁	陈小玲
统 稿	龚依冰	
图 片	孙 竞	

目录

004　序言

上编

007　乾隆"七下江南"的往事与随想 / 刘士林

014　"谁道江南风景佳,移天缩地在君怀"
　　　——乾隆南巡与苏州景胜的移植与仿建 / 刘欢萍

022　乾隆时期宫廷玉雕及其苏州因素 / 徐琳

039　造办处《活计档》所见乾隆时期苏州织造制作呈进佛教器物考 / 文明

069　"人间都会最繁华,除是京师吴下有"
　　　——大清盛世中的苏州 / 罗晓翔

下编

082　前言

083　第一单元　密诏传位　君临天下
124　第二单元　稽古崇文　靖边宣武
151　第三单元　怡情乐志　物阜工巧
194　第四单元　龙袍袈裟　兴黄安蒙

226　结语

序言

清高宗爱新觉罗·弘历（1711—1799），年号"乾隆"，取意"天道昌隆"。在他六十年的执政岁月里，整修水利，倡导文治，巩固疆防，巡视地方，达到了社会安定、经济繁荣、文化昌盛、物阜民丰的盛世景象。建立在明清两朝皇宫——紫禁城基础之上的故宫博物院，是记录乾隆皇帝宫廷生活的鲜活档案，收藏有以明清皇室旧藏文物为基础的各类藏品180余万件，宫墙瓦脊、奇珍巧玩属实是兴衰荣辱的有力见证。

2021年5月1日至2021年7月31日，故宫博物院携手吴中博物馆，联合举办"下江南——故宫博物院藏乾隆时期文物展"。展览精心挑选故宫博物院所藏与乾隆皇帝密切相关的展品116件，通过"君临天下""崇文宣武""怡情乐志""兴黄安蒙"等四个篇章，概述了乾隆皇帝文治武功的一生，再现了帝制时代最后的高光时刻，也通过其中的金玉牙角、丝染织绣等珍品凸显了苏州彼时扮演的重要角色。

明清之际，江南地区一跃成为全国经济文化中心，"东南财赋地，江左文人薮"是对江南所下的最恰当不过的时代注脚。作为江南核心区之一的苏州，繁华富丽、人文荟萃，是全国财赋、文化高地，也就成了"旅行家"乾隆的必备打卡地。乾隆皇帝在位期间曾"六下江南"，六至苏州，流连吴地山水间，留下一段段佳话、一处处史迹，成为江南文化的有机组成部分和我们今日游赏江南的导览图。

"下江南——故宫博物院藏乾隆时期文物展"展出的众多清宫珍玩，半数出自苏州。温润的玉器、精致的袍服、典雅的雕漆等都由苏州织造制作并进献，苏州能工巧匠糅合江南美学精神，为宫廷带去了江南元素。本书脱胎于"下江南——故宫博物院藏乾隆时期文物展"及展览期间举办的专题讲座与沙龙活动，上编集结5篇专家撰写的文章，以展览及展品背后的经济、文化、社会背景为切口，挖掘戏说背后的历史，由此管窥乾隆时代的江南百景。下编以展览章节为序，一一收录每件展品并阐释其内涵。

　　18世纪是一个影响深远的世纪。当东方古国徜徉于王权社会盛世光景的时候，万里之外的西方世界，则经历着持续剧烈的社会变革，启蒙运动、独立战争、工业革命等，现代之光刺破封建阴霾，开启了人类大踏步前进的新征程，而中国则逐渐走向至暗时刻。前事不忘后事之师，以古鉴今，可知兴替。感谢故宫博物院对本次展览的大力支持。也希望大家通过展览，繁华看尽后，愈坚初心，百尺竿头，砥砺奋进，这理应成为本次展览的另一个观赏维度。

故宫里的江南

上编

乾隆"七下江南"的往事与随想

刘士林／上海交通大学城市科学研究院院长、教授

一

1784年，农历四月间，乾隆南巡至京杭大运河最南端的杭州，这是他第六次也是最后一次南巡，大概乾隆本人也意识到今后不会再来了，于是在杭城颁发了著名的《南巡记》，对他漫长的帝王生涯作了一个总体评价："予临御五十年，凡举二大事，一曰西师，二曰南巡。""西师"是指乾隆二十年（1755）至乾隆二十二年（1757）年间两次进军伊犁，最终平定了准噶尔叛乱，解除了边陲大患。"南巡"指的就是他一生"六下江南"，和睦地方势力，抚慰民心，使江南地区成为康乾盛世最强有力的支撑。这两方面，一个是"武功"，一个是"文治"，中国帝王的最高理想，于乾隆大帝都基本实现。这是他在杭州踌躇满志地发表《南巡记》的深层次原因。

尽管曾经辉煌的文治武功逐渐淹没在历史长河中，但这位传奇帝王并未完全退出江湖。乾隆"六下江南"不仅是历史，也是一种持续被建构的文化场景。近两百四十年后，由吴中博物馆与故宫博物院首次合作举办的"下江南——故宫博物院藏乾隆时期文物展"，精选了故宫博物院与乾隆关系密切的宫廷文物116件（套）故地重游，就是对这一宏大历史叙述的"接着讲"。"睹物思人"，通过缂丝彩云金龙纹男夹朝袍、青玉交龙纽"御书房宝"、乾隆款脱胎朱漆菊瓣式盘等，人们不仅可以重温帝王南巡时的历史场景，还可寻觅姑苏城与紫禁

图1 《乾隆皇帝朝服像轴》
（故宫博物院藏）

城之间的文化因缘，因此，把此次展览看作乾隆"七下江南"也是适宜的，它不仅以文物展示方式续写出"六次南巡"的新篇章，也再次验证了"政治短暂，文化长久"这一亘古不变的历史定律。（图1）

二

受传统文化的影响，士大夫的出路主要是回归自然、游于艺及逃于禅。江南和江南文化，既有华夏最美丽的自然景观，体现着中国古代艺术的最高美学意境，还包括"南朝四百八十寺"的暮鼓晨钟，理所当然成为历代帝王在疲于征战和治理、需要休息和获得精神慰藉时的首选。

"东南财赋地，江左文人薮"，这是康熙写给江南官吏的诗句。正如马克思说"忧心忡忡的穷人甚至对最美的景色都无动于衷"，康熙重视江南，主要是因为江南地区盛产的物质财富与人力资源，而不是青山绿水、诗词歌赋、市井烟火等特色和细节。由于过于功利，康熙不仅片面，也没有触及江南的本质。

这是因为：第一，"财赋"不是江南独有的特色，"天府之国"巴蜀同样是帝国的"财赋地"。第二，"文人"也不算是江南地区的特产，中原、豫章等地同样"人杰地灵"。江南之所以备受人们喜爱，表面上看，一是与经济落后的地区相比，江南多了鱼稻丝绸等生活消费品。二是与经济发达、文化滞后的地区相比，江南多出了仓廪充实后的崇文重教氛围。但在本质上看，江南文化真正的"诗眼"在于，它有一种超越了实践理性和实用主义、代表着生命最高理想的审美自由和艺术超越精神。以墨家为代表的实用主义和以儒家为代表的实践理性，是中原文化的精神核心，前者要解决的唯一问题是"有没有饭吃"，即"一夫不耕，或受之饥；一女不织，或受之寒"；后者关心的头等大事则是"驱之向善"，即吃饱喝足后的"教化"问题，但对"如何活得更有价值和有意义"这个人生根本问题，特别是如何"通过艺术走向自由"和"通过审美获得愉快"这个美学问题，这两家基本上没有接触到。在我国区域文化中，这个问题恰是由江南文化提出，并通过江南地区的生产生活实践找到答案的。这也是我们说"江南文化是诗性文化"的根源。

图 2　拙政园

　　在某种意义上，康熙的问题和缺憾，在乾隆那里得到了一定程度的弥补。作为帝国最高的统治者，乾隆南巡自然少不了"政治"和"经济"考虑，但与康熙不同，乾隆并没有因此而废弃对江南绘画、书法、音律、园林、美食等的喜爱和关注。乾隆每到江南，就好像由帝王变成了诗人艺术家。他到处驻足欣赏自然风光，大量题诗、写字，有些也不是"为赋新词强说愁"，既流淌出他对江南文化的真实喜爱和沉醉，也释放了他在帝王面具下被压抑的感性心理和审美人格。（图2）

三

中国文化向有南北之分，并集中体现在实用主义与审美主义的对立。中原文化的核心价值观以墨子的"先质而后文"为代表，确立的是"食必常饱，然后求美；衣必常暖，然后求丽；居必常安，然后求乐"的生产生活秩序，即人生最重要的是艰苦奋斗，在有了足够丰富的物质基础之后，再去考虑求美、求丽和求乐的精神需要。尽管对物质基础的强调无疑是正确的，但也不能走向绝对和极端，否则就会把人异化为马克思说的"只知道吃坏马铃薯的爱尔兰人"。"吃马铃薯要吃好马铃薯"，本来是人的本能和常识，但如果受实用主义文化影响太深就会走向反面，由此带来的连锁反应是不再懂得和珍惜日常生活，取消了升华和艺术化的可能。这是庄子批评墨子"使人忧，使人悲，其行难为也"的根源。

在江南文化中，这种极端化得到一定的克服和调整。尽管江南人也明白"先质而后文"或"生活不同于艺术"，但由于坚信"生活应该向艺术看齐"而不是为了现实生存而牺牲审美需要，因此在处理"物质"与"精神"冲突时就比较有弹性，不是"非此即彼"，或把两者看作"水火不容"。我曾认为李渔的《闲情偶寄》是江南文化原理或生活教科书，因为它很好地阐释了江南文化的思维方式和价值体系。比如，关于女性要不要戴花的问题。中原文化的一般看法是有钱就戴，没有钱就不要戴，如果一味追求虚荣，则会贻害终身。但李渔的看法与此截然不同，他认为："富贵之家，如得丽人，则当遍访名花，植于闺内，使之旦夕相亲……寒素之家，如得美妇，屋旁稍有隙地，亦当种树栽花，以备点缀云鬓之用。他事可俭，此事独不可俭。"（《闲情偶寄》卷三）在日常生活中，物质需求与精神需求有时激烈冲突，但有时也可平和相处，因此就不应该把两者的对立绝对化。

从审美原理上讲，真正使人愉快和自由的审美精神，既要能抵制各种实用主义、实践理性的侵蚀，也要防止从一个极端走向另一个极端，即在排斥实用、追求感性解放中走向本能放纵和肉身狂欢。前者如马二先生游西湖，尽管身处古代江南的"打卡地"，但这位深受儒家礼教精神熏陶的道学家，对西湖美景

和美人却"看都不看一眼",因为他已经没有了感性审美的需要。后者则如附庸风雅的扬州盐商,他们尽管可以建园林、蓄俳优、附庸风雅、纸迷金醉,但本质上还是一群暴发户和土包子。真正符合美学和艺术原理的,在古代江南地区应首推苏州。苏州文化很好地处理了江南文化与中原文化的矛盾,建构了良性的互补关系,既以务实精神吸收了中原文化的实践理性,也最大限度传承发扬了江南文化的审美精神。这是苏州深受从帝王到普通百姓集体喜爱的基本原理。最为关键的是,苏州人在做这些事情时,如同春蚕吐丝一样,不是违背自己的内心,而是发自其天性。按照马克思的说法,这就是自由劳动,他越是劳动,就越是实现了自己的本质。他不仅精神越来越充实,技术越来越精湛,而且人生还越来越快乐。这是苏式生活、苏式工艺可以蔓延不绝的主体根源。(图3)

四

紫禁城向来有"从大运河上漂来"之说,意思是没有大运河,就没有北京城。但运河本身只是古代交通工具,更重要的是要有东西可运,就此而言,紫禁城

图3 《西园雅集图》,传为南宋画家马远作

能建设起来,离不开作为江南中心城市和京杭大运河大码头的姑苏城。从以蒯祥为代表的香山匠人的宫廷建筑,到帝王贵妃们的日常生活器物,尽管表面上高高在上、高不可攀,但仔细追究,则多是苏州人、苏州文化和苏州美学的产物。因此,当我们看这些精美展品时,脑子里不能只想着紫禁城,还应该把它们看作是苏州历史和文化的一个有机部分。也就是说,我们不仅看到的是帝王器物的精美绝伦,还应该看到当年苏州工匠们卓越的美学思想和工艺技术。

泰戈尔在《情人的礼物》中曾写道:"尽管帝国皇权已经化为齑粉,历史已经湮没无闻,而那白色的大理石却依然向满天的繁星叹息说:'我记得!'"今天也可以说,虽然"六下江南"的古代帝王斯人已逝,但通过这些精美到极致的宫廷艺术珍品,我们发现历史不仅没有终结,相反还在不断被赋予新的内涵和新的生命力。这也许就是"艺术使人类永恒"的道理所在吧。

"谁道江南风景佳，移天缩地在君怀"
——乾隆南巡与苏州景胜的移植与仿建

刘欢萍 / 江苏第二师范学院文学院副教授

  清代皇家园林中有很多以江南名园为模型的"园中园"，这与康、乾二帝尤其是乾隆皇帝的南巡有着密切关联。乾隆自云"山水之乐，不能忘于怀"，[1]对于山明水秀的江南风景，他更是流连忘返。六度南巡期间，江浙一些著名园林如狮子林、小有天园、烟雨楼、千尺雪等，都曾被绘制成图，并在长春园、避暑山庄、静寄山庄等御苑仿建，有的还仿建数处，全袭原名。从某种意义上说，这些北方御苑行宫中的江南风景，很大一部分实系乾隆数次南巡的直接成果。以苏州府而言，就有两处名胜被一再仿建，即狮子林与寒山千尺雪。

  狮子林在城东北隅，中多怪石，状如狻猊，故名。它始建于元至正二年（1342），称"普提正宗寺"。明洪武年间，大书画家倪瓒曾参与造园，并绘有《狮子林图》，此园名声大振。乾隆初，易为黄氏涉园，又称五松园。康熙四十二年（1703），圣祖赐额"狮林寺"，后乾隆六次游幸，先后御赐"镜智圆照""画禅寺""真趣"等匾额。该园以造型奇特、妙趣横生的叠石假山称胜。假山系用太湖石堆砌而成，外表雄伟，内部玲珑剔透。（图1、图2）

  乾隆二十七年（1762），第三次南巡，乾隆临幸该园，作诗《游狮子林得句》："一树一峰入画意，几湾几曲远尘心。法王善吼应如是，居士高踪宛可寻。谁谓今时非昔日，端知城市有山林。松风阁听松风谡，绝胜满街丝管音。"[2]他认为此园虽位于市井繁华的城区，但却给人一种超尘脱俗、安心静虑的山林之感。此次临幸，乾隆仿倪瓒《狮子林图》"笔意"，摹图藏于园中。[3]

图1 狮子林

乾隆三十年（1765），第四次南巡，再幸狮子林时，乾隆作诗《狮子林叠旧作韵》两首，其一云："每阅倪图辄悦目，重来图里更怡心。曰溪曰壑皆臻趣，若径若庭宛识寻。"[4]每次展阅倪瓒《狮子林园》，乾隆都觉得悦目异常，而再次亲临其境更令他心旷神怡。其二云："足貌伊人惟怪石，藉如古意是乔林。何堪摹卷当前展，笑似雷门布鼓音。"句中自注曰："壬午南巡，曾手摹倪元镇《狮子林图》弆藏林园。今复携倪卷来游，相形之下，殊觉效颦不当！因并书于倪卷及摹图中。"[5]此巡乾隆特意携带倪瓒原图前来，对比倪图与自己的摹作，他自觉相形见绌，于是一反惯常的自负，将这一事件的过程与自己的心情都毫无保留地题写在倪瓒的原图与自己的仿作上。至于为何钟爱狮子

图 2 「真趣」匾

林美景,此番巡幸乾隆在另一篇《再游狮子林》中作有解释:"宁论龙井烟霞表,却爱狮林城市间。古树春来亦芳树,假山岁久似真山。"[6]首句自注:"若论湖山佳景,则固远逊龙井矣!"若论山水风景,狮子林远远逊色于杭州龙井,但乾隆说,他喜爱的正是狮子林在城市之中,春天来了,古树绽放芬芳,假山时间长了,也俨然真山一般。

很显然,乾隆由衷喜爱狮子林园景与倪瓒之图。自第三次南巡返归京师,乾隆就命于长春园东北"规仿为之"[7]，仍袭原名。仿建狮子林落成后，乾隆又仿倪瓒之图绘画长卷，并题诗一律，藏于该园清閟阁。乾隆自谓："展图静对，狮林景象宛然如觌，而吴民亲爱之忱，尤恍遇心目间，余之所恋，固在彼而不在此！"[8]静对图卷，狮子林的景象宛在目前。乾隆虽自云心之所"恋"并非风景，而是吴地人民迎銮时亲君爱君之忱，但这也是他在诗文中一贯以勤政爱民掩饰个人私欲的风格使然，不可当真。

长春园规仿的狮子林园区先有"八景"之目：狮子林、虹桥、假山、纳景堂、清閟阁、藤架、磴道、占峰亭。后又续得"八景"：清淑斋、小香幢、探真书屋、延景楼、画舫、云林石室、横碧轩、水门。[9]关于此"狮子林十六景"，乾隆屡有题咏。乾隆三十七年（1772），他作有《狮子林八景》，其中《虹桥》"小序"云："跨水为小桥，垂虹宛在，片云帆影，何必更羡吴江！"《假山》"小序"云："狮林以石胜，相传为瓒自位置者。兹令吴下高手堆塑小景，曲折尽肖，驿此展拓成林，奚啻武贲之于中郎。"《狮子林》云：

最忆倪家狮子林，涉园黄氏幻为今。
因教规写阊城趣，为便寻常御苑临。
不可移来惟古树，遄由飞去是遐心。
峰姿池影都无二，呼出艰逢懒瓒吟。[10]

诗中，乾隆直白地表明自己对于苏州狮子林最为忆念。为便于寻常余暇之时临幸，于是在御苑规仿。狮子林景以石最胜，为此，乾隆命"吴下高手"堆塑，曲折都十分酷肖原景，除去苏州狮子林那些古树不能移来外，余下的"峰姿池影"都毫无二致。

不过，尽管拥有了这座令他感叹不已的高仿作品，但乾隆皇帝对狮子林的热爱之情似乎并没有彻底得以"宣泄"。他仍嫌长春园狮子林虽然亭台峰沼曲肖吴中，但不能尽同倪瓒《狮子林图》。于是，乾隆三十九年（1774），他又在热河避暑山庄清舒山馆前，"度地复规仿之"，题曰"文园狮子林"，[11]景目袭用长春园的"十六景"。此十六景胜，乾隆亦屡屡拈题分咏。[12]

至此，南北狮子林共计三座：吴中、京师长春园、热河避暑山庄各一。乾隆四十五年（1780），最后一次南巡，乾隆再游吴中狮子林时，他比较了三园景致："山庄御苑虽图貌，黄氏倪家久系心"，"略看似矣彼新构，只觉输于此古林"。自注曰："避暑山庄与御园均仿狮子林，而数典实自吴闻。是同是异，尚觉旧逾于新耳！"[13]可见，这三座园林中，乾隆认为旧胜于新，还是"原版"吴中之园景致最佳。

苏州另一处被仿建数次的名胜是寒山千尺雪。千尺雪石壁峭立，明人赵宧光凿山引泉，缘石壁而下，飞瀑如雪，故得名。山中有"云中庐""弹冠室""惊虹渡"诸胜迹，皆赵宧光旧址。乾隆十六年（1751）南巡临幸，赐御书额"玉峡飞流""听雪"，楹联"幽室数楹聊不俗，清机片晌恰宜闲"。返归京师后，乾隆起先在西苑南海的淑清院仿建，取其有明代假山乔木之"峭茜喷薄之形"，与寒山相似。然而此景全属人工，"乏天然"，[14]略有遗憾。

乾隆十六年秋，驻跸热河时，乾隆发现避暑山庄内有一溪"飞流漱峡，盈科不已"，于是命"置屋其侧"，"泠然洒然，喷薄之声隐岩阶，泛潋之光翻月户。盖塞地无亩平，因其势而导之，吸川溅沫之势，有不必以千尺计者"。[15]因独喜"寒山千尺雪"之名，遂再次袭用，以名此轩。避暑山庄"千尺雪"胜于西苑之处在于，"天然之趣足矣"！[16]但乾隆仍不满意，因为此地缺乏"松石古意"相映衬。

最后，乾隆在盘山静寄山庄游览"文皇所为晾甲石"时，终于找到一处合适的地方，与寒山千尺雪之景致、意境均相仿佛。是处"汇万山之水，而归于一壑，潨潨之湍奏石面，谡谡之籁响松巅。时而阴雨忽晴，众溪怒勃，则暴涨砰訇者焉直下，挟石以奔，触石以停，韐然铿然，激扬淒然"。[17]于是命结庐三间，并慨然叹曰："寒山千尺雪固在是间！"此阁落成，乾隆作记详述了自己三度仿建的缘由始末，文后云："劳劳往返、营营规写者，不几为流水寒潭笑，未能免俗哉！率笔记之，亦以存高风之慕也！"[18]然而，一再的仿建，乾隆仍感意犹未尽，于是又决定将寒山、西苑、避暑山庄、静寄山庄四处"千尺雪"之景，分别绘图，四卷合装，分贮四处。

至此，乾隆先后于三处皇家御苑仿建，并且无一例外地套用原名、题诗、绘图，颇为郑重。乾隆二十二年（1757）第二次南巡，乾隆再次临幸千尺雪时，亲自绘画了一幅《寒山别墅图》。[19] 在江南诸多风景名胜当中，乾隆尤为钟爱寒山千尺雪，究其原因，大约有两个方面的因素，一由于千尺雪的"清绝"，[20] "境野以幽，泉鸣而冷"，"为之流连，为之倚吟"。[21] 二由于千尺雪的"佳名"。十六年（1751），热河千尺雪建成时，乾隆作歌云："独喜其名，因以名轩。"[22] 十八年（1753），乾隆题西苑千尺雪诗云："吴下寒山爱佳名，热河、田盘率仿作。"[23] 两首诗歌中，乾隆都表达了对千尺雪佳名的喜爱。

综上，乾隆皇帝乐此不疲地巡幸江南，又兴味盎然地反复将"江南风格"植入御苑行宫，不断地"经营"、追求臻于至善。这些"超常"行为确实令人感慨，晚清诗人王闿运写有著名的长诗《圆明园词》，该诗追叙了康熙、乾隆诸帝的游幸，感慨苍凉，其中有句云："纯皇缵业当全盛，江海无波待游幸。行所留连赏四园，画师写放开双境。谁道江南风景佳，移天缩地在君怀。当时只拟成灵囿，小费何曾数露台。殷勤毋佚箴骄念，岂意元皇失恭俭！"[24] 好一句"谁道江南风景佳，移天缩地在君怀"，寄托了一代士人对帝王巡幸的深沉感慨。天地之大而能移缩，足见不易，而移缩天地，亦是占有四海的缩微。乾隆帝曾经在《御制安澜园记》说："然帝王家天下，薄海之内，均予户庭也。"普天之下莫非王土，四海之内皆是皇家户庭，此点恐怕也是乾隆一再将江南美景复制入北方御苑的动因之一。由今天看来，这些豪奢侈靡的行为，为当时的人民带来沉重的经济负担，为清王朝的由盛而衰埋下深沉的隐患。

然而，如果从另一层面看，正是这种大规模的仿建活动，扩大了江南风景的影响力与知名度，促进了江南山水、园林的审美形象，以平面与立体两个维度进行着"复制"与传播。乾隆及皇室画师们通过画卷的"平面"形式，精彩地描绘了江南独有的山明水秀；同时，皇帝将摹绘成图的江南景致带回御苑行宫仿建，使得画卷上"平面"的江南形象再度复归"立体"的鲜活，成为北方的"江南"，又一次凸显了江南独有的审美形象。不仅如此，这种历史上最大规模的"移植"、效法行为，还为当时的皇家园林体系注入了新的生机，使其融合百家之长，成就了清中期皇家园林的空前鼎盛。[25]

参考文献：

① （清）高晋等初编、萨载等续编、阿桂等合编：《钦定南巡盛典》一百卷，《景印文渊阁四库全书》本。

② （清）嵇璜等：《清通志》，《景印文渊阁四库全书》本。

③ （清）梁国治等：《钦定热河志》，《景印文渊阁四库全书》本。

④ （清）英廉：《钦定日下旧闻考》，《景印文渊阁四库全书》本。

⑤ （清）乾隆：《清高宗御制诗文全集》，《景印文渊阁四库全书》本。

⑥ （清）吴士鉴等：《清宫词》，北京：北京古籍出版社，1986年。

⑦ （清）吴振棫：《养吉斋丛录》，北京：中华书局，2005年。

⑧ 周维权：《中国古典园林史》，北京：清华大学出版社，1990年。

注释：

〔1〕 （清）乾隆：《静宜园记》，《御制文集初集》卷四，《景印文渊阁四库全书》本。
〔2〕 《钦定南巡盛典》卷八，《景印文渊阁四库全书》本。
〔3〕 （清）乾隆：《游狮子林三叠旧作韵》："粉本石渠藏手迹，写虽应手运因心。"自注曰："倪瓒旧有《狮子林图》，已入《石渠宝笈》，曾仿其笔意，重摹一本，弆藏吴中。"《钦定南巡盛典》卷二十一。
〔4〕 《钦定南巡盛典》卷十二。
〔5〕 （清）乾隆：《狮子林叠旧作韵》，《钦定南巡盛典》卷十二。
〔6〕 《钦定南巡盛典》卷十四。
〔7〕 （清）乾隆：《题文园狮子林十六景》"序"，载清梁国治等奉敕撰《钦定热河志》卷四十，《景印文渊阁四库全书》本。
〔8〕 （清）乾隆：《狮子林八景》"序"，《御制诗集四集》卷四，《景印文渊阁四库全书》本。
〔9〕 参见（清）吴振棫《养吉斋丛录》卷十八、（清）乾隆《御制诗集四集》卷四《狮子林八景》。此狮子林十六景，乾隆《御制诗文集》中亦屡有题咏。
〔10〕 （清）乾隆：《狮子林八景》，《御制诗集四集》卷四。
〔11〕 （清）乾隆：《题文园狮子林十六景》"序"，载《钦定热河志》卷四十。
〔12〕 乾隆数次题文园狮子林之作，参见《钦定热河志》卷四十。
〔13〕 （清）乾隆：《狮子林再叠旧作韵》，《钦定南巡盛典》卷十六。
〔14〕 （清）乾隆：《御制盘山千尺雪记》，《御制文集初集》卷五。
〔15〕 乾隆辛未御制《千尺雪歌》，见《钦定热河志》卷三十三。
〔16〕 （清）乾隆：《御制盘山千尺雪记》，《御制文集初集》卷五。
〔17〕 （清）乾隆：《御制盘山千尺雪记》，《御制文集初集》卷五。
〔18〕 （清）乾隆：《御制盘山千尺雪记》，《御制文集初集》卷五。
〔19〕 《清通志》卷一百十九，《景印文渊阁四库全书》本。
〔20〕 乾隆甲戌御制《千尺雪》诗，见《钦定热河志》卷三十三。
〔21〕 （清）乾隆：《御制盘山千尺雪记》，《御制文集初集》卷五。
〔22〕 辛未《千尺雪歌》，《钦定热河志》卷三十三。
〔23〕 《千尺雪》，《钦定日下旧闻考》卷二十二。
〔24〕 （清）吴士鉴等：《清宫词》，北京：北京古籍出版社，1986年，第173页。
〔25〕 周维权：《中国古典园林史》，北京：清华大学出版社，1990年，第187页。

乾隆时期宫廷玉雕及其苏州因素

徐琳／故宫博物院研究馆员、故宫研究院玉文化研究所所长
中国文物学会玉器专业委员会会长

中国历史上对玉器、玉文化贡献最大的皇帝恐怕非清高宗弘历莫属（图1）。他不仅常常亲自指导当时宫廷玉器的生产制作，而且不局限于雍正皇帝提出的"内廷恭造之式"，兼收并蓄，吸收古代文化传统及外来文化，制作了大量的时作玉和仿古玉，而且充分发挥地方玉雕，尤其是苏州和扬州玉雕的特长，将宫廷玉雕推向了无与伦比的高峰，使得我们常常称这一时期的宫廷玉雕为"乾隆工"。

"乾隆工"玉器的界定

"乾隆工"的说法呼之已久，但是对"乾隆工"玉器的界定至今没有明确，民间常常将稍好些的清代玉器均笼统地称为"乾隆工"。但是严格来讲，这一说法并不正确，需要认真进行界定和定义。笔者认为，所谓的"乾隆工"玉器，就是清代乾隆时期专门为宫廷制作的，且无论从选料、审料、设计到制作都符合皇家宫廷用玉的标准，能代表较高水平的宫廷玉雕工艺特征的一批玉器。

笔者在此强调两点，一是乾隆时期制作，二是为宫廷使用制作。有清一代，除了嘉庆早期，即乾隆做太上皇的时期以及造办处还有遗留的乾隆时工匠的制玉时段，其所制玉器还完全是乾隆朝的风格特征，可以称为"乾隆工"玉器外，其他时段所做的玉器并不能被称为"乾隆工"玉器。另外，只有为宫廷使用制

图1 清宫旧藏《是一是二图》中乾隆皇帝汉服像
（故宫博物院藏）

作的玉器才能被称为"乾隆工"，民间制作的玉器，即使工艺不错，但并非为宫廷而制作，也不能被称为"乾隆工"，只可以说达到了"乾隆工"的水平。故笔者认为，民间常常将清代中晚期只要是工艺还算可以的玉器都称为"乾隆工"，是一种观念上的谬误。

本文从乾隆时期宫廷玉雕的苏州因素谈起，细数宫廷玉雕的工艺特征。

宫廷治玉作坊与"京外八处"

清代宫廷玉是清宫内务府造办处下属的一个作坊。根据《内务府造办处各作成做活计清档》，雍正元年(1723)造办处各作中就有玉作，乾隆二十二年（1757），造办处又设金玉作。此后四年间，金玉作与玉作并存，随后玉作逐渐淡出，最终完全由金玉作替代，金玉作成为宫廷玉器以及金镶玉、金镶宝玉石等制作的主要作坊。还有大量的纯玉作活计移至内廷如意馆、启祥宫，同时苏州织造、两淮盐政等"京外八处"也承接了大量的宫廷治玉。

紫禁城内的如意馆在北五所内。如意馆最早是清宫画院所在，西洋画师郎世宁、王致诚，以及众多中国画师均先后供职于此。乾隆初期，就已有好手玉匠进内碾琢。

乾隆四年(1739)的造办处《活计档》开始有启祥宫制作玉器的记载。所以，造办处内玉作、金玉作、如意馆、启祥宫等处都为皇家生产玉器，只是分工及先后存在有所区别。他们都实施严密而有效的管理制度。造办处下设馆、处、作、厂等作坊，分工明确；设催长、副催长、委署司匠、库守、苏拉等，承应各项差务，所属各种匠役约二百名。

造办处除自己制作玉器供宫廷使用外，还分派活计给各地作坊。据档案记载，乾隆时期为宫廷制作玉器的各地分支机构，尚有苏州织造、两淮盐政、长芦盐政、杭州织造、九江关监督、江宁织造、淮安关监督、凤阳关监督等八个京外机构，统称为"京外八处"。"京外八处"在京城都设有办事处，办事处负责人称"坐京家人"，也称"长随"，一般负责联络以及接活送货等交接手续。

织造、盐政、监督的职务品级没有明确记载，因为是专为皇室承办御用品的官员，所以任命的都是皇上的亲信和身边非常信任的人，知道皇上的喜好和需要。

苏州织造对造办处玉作来说尤为重要。雍正八年(1730)，造办处郎中海保调任苏州，管理织造事务。雍正十年(1732)，雍正皇帝还命其给宫廷找些玉料。从乾隆三年(1738)起，苏州织造开始正式向宫廷呈递制作的玉器。如档案记载，乾隆三年二月二十六日：

> 催总白世秀来说：太监毛团、高玉交白玉带板大小一百块、青玉带板大小五十四块。传旨着交与织造海保处，仿古款式花纹，酌量做：佩、璧、环、玦、合符，三四层装盒，双连环、扇器等件。俟完时，俱刻"乾隆年制"款，不必甚急，陆续送来。钦此。[1]

此后，苏州织造成为宫廷造办处外最重要的京外治玉机构，其不仅为内廷加工玉器，还提供从选料、画样、碾玉、刻字到烧古的全套玉匠，同时还为九江、凤阳提供玉工。

两淮盐政所在地扬州也是京外玉器的重要生产基地。这里因擅长雕琢玉山子，财力强大，经常无偿或低价为造办处加工玉器以报效皇帝，所耗工料银报价较低，所以也成为宫廷之外，尤其是大型玉雕的雕琢地。放置于故宫乐寿堂的"大禹治水图玉山"等大型玉雕山子就是在扬州制作再运回北京的。

宫廷工匠及其苏州因素

北京在元明时期就是玉器制造的集中地，有着自己的工匠，称为"北匠"，来自苏州等南方民间玉作的工匠称为"南匠"。造办处的玉匠主要由北匠、南匠组成，北匠中有满族八旗的家内匠，有时也有回子匠。玉作经常保持四五人的规模，有时会因特殊需要外雇工匠，人员猛增。如乾隆十一年(1746)二月二十八日，因"玉匠短少，活计甚多"，通过太监胡世杰转奏，准许"外雇几个匠役成做"。[2]

图2　琥珀烫工艺染色的白玉双婴耳杯
（故宫博物院藏）

乾隆时期造办处档案中有明确姓名或信息的玉匠约70人,其中可以确定是南匠的约有40人。著名的玉匠有杨玉、许国正、陈廷秀、都志通、姚宗仁、邹景德、陈宜嘉、张君选、鲍德文、贾文远、张德绍、蒋均德、平七、朱玉章、沈瑞龙、李均章、吴载岳、王振伦、庄秀林、姚肇基、姚汉文、顾位西、王尔玺、陈秀章、朱鸣歧、李国瑞、王嘉令、朱彩、朱时云、朱永瑞、朱光佐、朱仁方、朱永泰、刘进孝、李世金、张君选、徐鸣彩、金振寰、顾觐光、六十三、七十五、八十一等,后三者系披甲旗人,其他大多数是苏州织造选送的,工艺水平很高。这里有擅长刻字的玉匠朱彩、朱时云、朱永泰等;擅长鉴定、能指点"学手玉匠"的姚宗仁等。一般玉匠中能画样、选料者做领衔,来自苏州的南匠姚宗仁、邹景德等就是这样的领班。

姚宗仁是乾隆早期十分有名的一位苏州籍工匠,其祖父是康熙时期著名的玉匠,会一种特殊的染色工艺——琥珀烫技术,用此染色技术制作的白玉双婴耳杯曾使乾隆皇帝误以为早期之作(图2),乾隆帝在《玉杯记》一文中详细记述了与姚宗仁就此杯的对答,颇为有趣。姚宗仁不仅制玉功夫好,还能认看古玉和制作仿古玉器,深受乾隆帝喜爱。例如乾隆十四年(1749)底至乾隆十五年(1750)初,太监胡世杰交来的白玉带板三块,传旨命姚宗仁将其改制为白玉斧形佩,其中两块刻"乾隆年制"和千字文"洪字七号、荒字八号"款,合装于一个紫檀木匣内(图3、图4)。

从档案看,乾隆帝之所以要征调苏州玉工的原因,主要是苏州玉工技术"精练",北京刻手"草率",正如乾隆诗中所说:"相质制器施琢剖,专诸巷益出妙手。"[3]苏州专诸巷是江南治玉业聚集的地方,苏州玉工雕琢风格典雅纤细,较之北京工手所做之器更为精致,所以全国最好的玉工——苏州玉匠成为宫中治玉主力也在情理之中。

图3 乾隆款白玉仿古斧形佩
（故宫博物院藏）

图4 乾隆款白玉仿古斧形佩拓片
（故宫博物院藏）

乾隆时期宫廷玉雕的主要艺术特征

治玉工艺发展到清代，可以说是对以往历朝历代玉雕工艺的一大集结。此时，治玉的各项工具均已发明，各种技术都已完善。清代玉工有条件全面继承以往各时代玉器的多种碾琢技术和积累的丰富经验，尤其到了乾隆时期，皇帝的痴迷使其直接控制和利用各种有利因素，积极参与玉雕设计，不仅治玉工艺集前人之大成，图案设计也广泛吸收各艺术门类，达到了中国古代玉雕艺术的高峰。此期宫廷玉雕的主要风格特征有：

一、玉器设计呈现文人化倾向，宫廷画师常常参与其中

清代玉雕出现了许多山水人物故事题材的玉器，其图案或圆雕为各种玉山摆件，或表现在各类玉牌、玉插屏上，还有诸如笔筒之类的文房用具亦较多见（图5）。这些玉器的图稿设计往往出自当时的文人画家，体现文人向往的山水景色，许多宫廷画师也常常参与其中。清画院、如意馆的画家大多出自"四王吴恽"的派系，擅作山水花卉、人物故事。而如意馆中的玉雕工匠长期和画家们相处，耳濡目染，深受其影响。

这类玉器的碾琢，要求工匠能够根据设计稿，将砣具变成自己手中之笔，利用圆雕、浮雕、镂雕、减地、浅刻等各种不同的雕琢方法表现画家的用笔，体现人物的姿态、表情，山水的皴法，追求神韵与笔墨情趣。玉工还要通过自身对玉料的了解，巧妙利用或避开玉石中的绺裂，体现出山石的褶皱起伏，同时吸取绘画在构图上采用的平远、高远、深远"三远法"，注意层次远近，亦采用焦点透视法，碾琢深邃，使得整个玉雕如同一幅立体的山水画。清宫旧藏的几件大型玉雕山子，就是绘画与玉雕艺术的绝佳结合。

另外，乾隆皇帝一直有"纸寿千年，而玉石是山川菁英，能够传之永远"的思想，所以他命大量的宫廷画师参与到玉雕的设计之中，将著名的书画作品都用玉雕的形式展现出来，尤其是玉雕山子更是立体再现书画作品的重要形式。如"大禹治水图玉山"就是根据清宫旧藏宋代《大禹治水图》为蓝本而

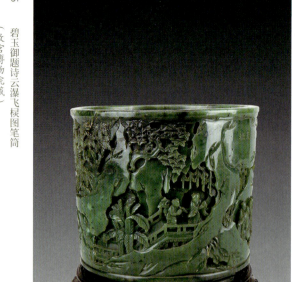

图5 碧玉御题诗云瀑飞梿图笔筒（故宫博物院藏）

图6 乾隆御题大禹治水图玉山（故宫博物院藏）

做（图6）；"会昌九老图玉山"则以唐代会昌五年（845）白居易、郑据、刘真等九位文人士大夫在洛阳香山聚会宴游的场面为题材，雕琢他们在山中品茶、下棋、抚琴、观鹤等文人雅士所行之事，使观者如同身临其境，从而忘掉现实世界，暂时处身于幽静的山林（图7）。这种反映山林野逸情趣的画面也是清代玉雕中常见的主题。放在乐寿堂的另一件著名玉雕山子"秋山行旅图玉山"（图8），则是当时著名的宫廷画师金廷标以自己所绘的《关山行旅图》为样稿设计的，这座大玉山雕琢好以后，乾隆还兴致勃勃地题写了一首诗《和阗玉关山行旅图》，其中一句"画只一面此八面，围观悦目尤神超"充分表达

图7 会昌九老图玉山（故宫博物院藏）

图8 秋山行旅图大型玉山（故宫博物院藏）

了乾隆帝偏爱制作玉山的原因：绘画作品是平面的，但是以玉雕形式表达，则立体再现了自然的山水，将自然的山水景色搬到宫中，八面围观得来的精神上的愉悦是平面绘画不可比拟的。

在绘画艺术的熏陶及文人画家的积极参与下，宫廷玉雕在审料设计上充分吸收了当时最优秀的文人画艺术的优势，可以说这种史无前例的优秀玉雕设计使得乾隆时期的宫廷玉雕作品不落熟套，充满了艺术及文人情趣，这也是乾隆时期的玉器艺术能达到中国历代玉雕艺术高峰的主要原因。

二、治玉工艺的精工细作

造办处的工匠大多是地方选送上来的最好的工匠,尤其是苏州织造选来的。他们在地方本就是技术最好的工匠,到了宫廷,眼界大开,不仅工匠之间可以切磋技艺,而且可以吸取宫廷造办处其他作坊的优势,还有如意馆画师的指点,甚至能看到皇家的收藏,可以说到宫廷后的这些工匠,无论是技艺还是设计水平都会有很大的提高。层次的提升、眼界的开阔,又有皇家规范的严格要求,其工艺水准此时达到最高境界。

乾隆时期治玉工艺的精致细腻程度超过了以往任何时期。高浮雕、浅浮雕、镂雕、减地、压地、磨、刻、钻等多种技法兼施,灵活多变。阴线、阳线、隐起、镂空、烧色、碾磨等传统工艺并用,有所损益。各种线条使用刀法圆熟,

图9 乾隆御题白玉赤壁图山子(故宫博物院藏)

藏锋不露，不见刀痕棱角，雕刻线条也略细。尤其玉器地子处理得十分平整，与明代明显不同。钻孔时常常追求孔型的规整及孔壁的光滑。

此期打磨抛光技术要求严格，光滑圆润，一丝不苟。一件玉器不仅器形表面的花纹图案碾磨抛光，而且膛里、底足、盖内也琢磨光滑。每个角度、每个转折或每根线条都尽可能仔细琢磨。抛光以亚光为主，尽显玉质之美。乾隆时期的玉器，尤其重视镂空处的抛光，不管是玲珑剔透的山石，还是花梗枝叶的穿插掩映，其镂空内大多光滑舒适，即使背面及底部不易见之处和深凹之处也会做些必要的粗光功夫，力求完美。所以这一时期，从小件到大件，无论是造型，还是雕琢、抛光，其细腻精湛、一丝不苟的作风达到了无以复加的程度，我们无论从文献还是实物都能体会到它的优质。这也是乾隆时期宫廷玉雕的显著特点。（图9、图10、图11）

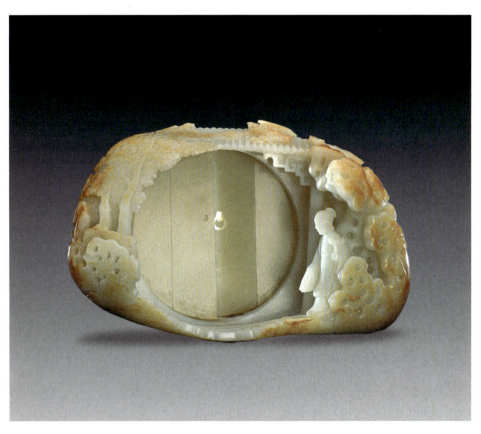

图10　乾隆御题桐荫仕女图玉摆件（故宫博物院藏）

图11 白玉镂雕香囊（故宫博物院藏）

三、治玉工序的细化及行业化

为了适应碾制过程的复杂和精细工艺，宫廷玉器制作分工较细。从档案记载可知，宫廷造办处有选料、画样、锯钻（包括掏膛，大、小钻）、做坯（做轮廓）、做细（镌刻细节花纹）、光工、刻款、烧古等工种。一件玉器需要这些工种的工匠分工合作才能完成。

画样即对玉料进行设计，针对每一件玉料因材施艺。宫廷中如南匠都志通、姚宗仁都因具有较好的设计水平而处于领班地位。画样完成后，和玉材一起交其他部门开始制作。锯钻工属于粗工。做细、刻字、烧古因难度较大，工种亦很重要。重要玉器的做坯、做细、磨光等关键环节都要呈览，做完之后也一定要呈览，评定等级，做得好的褒奖，一般的就说"知道了"，看不中的轻则斥责，重则处罚、停俸、减扣工银或者责令赔补等，但是，在档案中没有发现乾隆帝将工匠处死的记载，可见，乾隆帝对手艺工匠还是心存良善的。

四、琢字技术的发达与书法艺术的体现

玉料的坚硬和文字的规范，使得在玉器上刻字一直是治玉工艺中较难的工种，要想刻出带有书法笔意的字则更难。

清以前，虽然历代都出土过一些刻有文字的玉器，但总体数量并不多。相比于流畅的纹饰线条来说，文字的刻划琢磨大多显得不甚规整，除少量的玉牒、玉册、玉印等刻琢文字外，民间治玉少有带文字者，说明在玉器上刻字颇有难度。

明清时期，在官窑瓷器的影响下，开始在玉器上刻琢皇帝年款，只是明代带年款的玉器极为少见。清代乾隆时期最盛，雍正、嘉庆、道光、咸丰、同治、光绪、宣统款也时有发现。款识有"雍正年制""大清乾隆年制""大清乾隆仿古""乾隆御用""乾隆年制""乾隆御咏""嘉庆年制"等纪年款均有出现，书体有楷书、隶书、篆书等。（图12）

乾隆时期，在玉器上琢制诗文的风气兴盛，尤其以乾隆御制诗文为多，这些文字，少则几十字，多则上千字，甚至达两千字以上，每篇诗文后面也多刻琢皇帝闲章。（图13、图14、图15）

皇家的喜爱，必然引起民间的广泛仿效。王府玉作和苏州、扬州的玉作中也多有在玉器上刻琢诗文的，如玉山、玉牌、玉插屏、镇纸等玉器，有些也会刻琢某位皇帝的御制诗文。

当时苏州玉行中专有在玉器上刻字的行业，涌现出不少专长刻字的师傅。

图12 白玉壶底部大清乾隆仿古款（故宫博物院藏）

图13 乾隆御题白玉云龙纹水盂底部文字（故宫博物院藏）

图14 御制西师诗册页（故宫博物院藏）

图15 御制西师诗册页诗文（故宫博物院藏）

宫内造办处也专门养着刻字匠，内务府造办处经常要求苏州玉作选送刻字师傅进宫服务。乾隆十三年(1748)，苏州琢玉匠顾觐光、金振寰就是因善于在玉器上刻字而被选入宫，工作于启祥宫玉作，每月给钱粮银三两，每年春秋两季领衣服银十五两。姚肇基、朱永泰、朱鸣岐、顾往西、朱时云、庄秀桂等都是乾隆中后期的刻字工匠。"青玉云龙纹大瓮"及"大禹治水图玉山"上近3500字的文字就为朱永泰镌刻。

乾隆帝对在玉器上刻字的痴迷使得宫中的刻字匠往往不够，除了固定的高手刻字匠服役宫中外，也会时常征调外匠。例如乾隆四十四年（1779），太庙新制一色玉玉宝、玉册16份，临时从苏州调京玉工两批共16人，用一年时间刻汉字4000余字，满字8000余字，[4] 平均每人每天仅刻2个字。

玉工所刻之字虽大多是乾隆皇帝的御制诗文，但这些需刻之文的撰写者往往是懋勤殿翰林以及朝中书法水平很高的大臣，甚或是乾隆帝本人。玉工大多起的作用是照字勾勒上玉刻琢，类似于碑帖艺术中的摹勒刻石，这就使得我们目前看到的乾隆朝玉器上的文字，也多是一篇篇精美的书法作品。除乾隆帝的御笔外，在玉器上留下名字的朝臣还有：汪廷玙、福隆安、金简、英和、蒋攸铦、刘秉恬、延隆、徐绩、梁国治、于敏中、董诰、弘旿、永璇、徵瑞等，后面常随"敬书"二字。刻字玉匠高手也往往被准许留名于玉器，其待遇明显高于普通玉工。如著名的"青玉云龙纹大瓮"，全篇有2400余字刻于内底，文后落款"臣于敏中敬书，小臣朱永泰奉镌"。

正是有了这些著名书法家的参与，加上技艺高超的刻字工匠，才有了乾隆玉器上精美的书法字体，此也算是前无古人、后无来者。

综上，最优质的玉料、最高超的工匠、最文人的设计、最好的书法，等等，这些最优质的资源被乾隆帝充分利用到玉器雕琢中，创造了辉煌的"乾隆工"玉器，促使中国古代玉雕艺术达到了集大成期和巅峰期。

注释:

〔1〕 中国第一历史档案馆、香港中文大学文物馆合编:《清宫内务府造办处档案总汇》第8册,北京:人民出版社,2005年,第268—269页。

〔2〕 中国第一历史档案馆、香港中文大学文物馆合编:《清宫内务府造办处档案总汇》第14册,北京:人民出版社,2005年,第305页。

〔3〕 《清高宗(乾隆)御制诗文全集》,四集卷一,第六册,北京:中国人民大学出版社,1993年,第236页。

〔4〕 中国第一历史档案馆、香港中文大学文物馆合编:《清宫内务府造办处档案总汇》第43册,北京:人民出版社,2005年,第241—242页。

造办处《活计档》所见乾隆时期苏州织造制作呈进佛教器物考

文明／故宫博物院宫廷历史部副主任、副研究馆员
　　　　故宫研究院藏传佛教文物研究所副所长

2005年，人民出版社出版了一套由中国第一历史档案馆和香港中文大学文物馆合编的《清宫内务府造办处档案总汇》（以下简称《总汇》），共计55册，全面公布了从雍正元年（1723）到乾隆六十年（1795）的《内务府造办处各作成做活计清档》（以下简称《活计档》），为清史研究提供了十分重要的第一手参考资料。[1]

笔者通过梳理乾隆元年（1736）到乾隆六十年（1795）的《活计档》，发现与苏州织造制作呈进佛教器物有关的记录共计427条，涉及400项活计、2931件套佛教器物。

一、佛教器物在苏州织造制作呈进器物中所占的比例

苏州织造与江宁织造、杭州织造合称"江南三织造"，是明清时期由官府经营的织造机构，在明代由织造太监管理，清顺治三年（1646）改归工部，康熙二年（1663）又改为内务府管理，负责提供"上用"和"赏赐"的高档丝绸及制品。[2]乾隆六年（1741）明确规定了织造官员的等级："织造系钦差之

员，与地方官员无统属……各官不得牵制，即平时往来文移，亦不容以貌视……织造与督抚相见，仍照先前行宾主礼……与司道运司相见，俱平行……府、厅、州、县见织造，仍于大门外下轿马，由角门进。"[3]这相当于赋予了织造官员兼有在政治上监督地方的权力。

正是由于包括苏州织造在内的"江南三织造"的特殊功能和地位，乾隆时期，内务府在皇帝的授意下，一方面委托他们征集好手工匠送到北京，参与到宫廷造办处的工作，[4]另一方面还安排他们在当地为宫廷制作大量器物，这些器物并不局限于丝织品，还包括玉石器、漆木器甚至青铜器，等等。

乾隆四十九年（1784）和乾隆五十一年（1786），时任苏州织造的四德两次向乾隆帝汇报工作时，都提到苏州织造"传办各项活计""向例每月""五六项至八九项不等"。[5]如果按照这个标准，从乾隆元年到乾隆六十年（1736—1795）一共是743个月，[6]那么苏州织造共计办造活计应该在3715项到6687项左右，因此，涉及佛教器物的400项也就只占到苏州织造办造活计总项数的5.98%到10.77%，勉强达到十分之一左右。

出现这种现象的原因，一方面是清代宫廷推崇藏传佛教信仰，制作的佛教器物也以藏传佛教器物为主，而制作藏传佛教器物又有相当严格的仪轨规定，苏州地属汉族文化圈，本地并不流行藏传佛教信仰，所以乾隆帝让苏州织造来制作藏传佛教器物，对苏州工匠其实也是一种考验，毕竟有无宗教信仰，在制作器物时的差别还是很大的。另一方面，乾隆帝主要看中的是苏州地区的工艺，比如织绣、缂丝、雕漆、琢玉，等等，但这些工艺在藏传佛教活动中心区比如西藏、内蒙古等地都不是主流工艺，也就是说，用这些工艺制作的器物在藏传佛教活动中心区并不能算是主流器物，所以，在宗教信仰上与西藏、内蒙古一脉相承的清宫，对苏州制作的佛教器物，尤其是藏传佛教器物的需求并不是很大。换言之，苏州织造制作的佛教器物，对清宫佛堂来说，只是起到锦上添花的功能，所以它在整个苏州织造活计总项中所占比例能勉强达到十分之一左右，这已经算相当高了。

二、苏州织造制作呈进佛教器物的分类

（一）按照完成情况，可分为成品和半成品。

1.所谓成品，就是苏州织造制作完成呈进入宫之后，无须再加工便可直接使用。这类器物数量并不多，主要包括佛堂内的缂丝或雕漆匾联、玉佛像，以及佛堂专用的玉靶碗、玉爵盘、漆盘、白缎哈达、青绿鎏金奔巴壶等。

（1）匾联

从《活计档》的记载来看，苏州织造先后为长春园法慧寺[7]、静明园古华严寺[8]、紫禁城内最大的佛堂雨花阁[9]、热河（今河北承德）须弥福寿之庙的妙高庄严殿[10]，以及西黄寺[11]、香山宗镜大昭之庙都罡殿[12]等六处寺庙佛堂制作了匾六面、对联五副，其中缂丝匾一面、对联一副，雕漆匾五面、对联四副。

比如：

（乾隆四十五年九月行文）二十八日太监张进喜来说，首领董五经交：御笔白纸双勾"寿相禅宗"本文一张，西黄寺；御笔白纸双拘"宝地祥轮"本文一张，须弥福寿之庙。传旨：交造办处画五寸宽龙边呈览，准时交苏州织造全德漆做匾二面。钦此。

于十月初四日员外郎五德，催长大达色、金江为交苏州漆做"寿相禅宗""宝地祥轮"匾二面，画得金漆地黑漆字二色金龙边匾纸样一张，交太监鄂鲁里呈览。奉旨：准发往苏州，交全德照样漆做匾二面送来。钦此。

于四十六年八月初四日将苏州送到"宝地祥轮"匾一面呈进，在热河都罡殿安挂讫。

于四十六年十月十四日将苏州送到"寿相禅宗"匾一面呈进，在西黄寺看地方挂讫。[13]

图1 乾隆帝御笔"宝地祥轮"匾及对联（现存承德须弥福寿之庙）

此外，在"宝地祥轮"匾安挂之后十天，也就是乾隆四十六年八月十四日，乾隆帝又御笔写下对联一副，传旨"发往苏州交全德，照先做过'宝地祥轮'匾做法，一样做二寸五分宽龙边金漆地杖黑漆字对一副送来"。一年之后，乾隆四十七年八月初五日，苏州把做好的对联送到热河，安挂在"宝地祥轮"匾下两侧楹柱上。[14] 时至如今，这套匾联依然悬挂在原处。（图1）

（2）玉佛像

从乾隆二十五年（1760）十二月初三日[15]到乾隆五十四年（1789）三月初三日[16]，苏州织造先后16次奉旨制作了93尊玉佛像，包括有释迦牟尼佛、三世佛、观音菩萨（图2）、文殊菩萨、罗汉、达摩等。

图2 玉观音（故宫博物院藏）

图3 玉靶碗（故宫博物院藏）

图4 玉爵盘（故宫博物院藏）

比如：

（乾隆四十年十月行文）初七日接得如意馆笔帖式舒庆持来折片一件，内开初一日奉旨：着启祥宫挑玉，做观音二尊，画样呈览。钦此。

于初二日将旧存新交玉内挑得青白玉二块，画得纸样一张呈览。奉旨：着交苏州舒文处成做。钦此。

于四十二年十月二十日将苏州送到玉观音一尊呈进讫。

于四十三年正月二十七日将苏州送到玉观音一尊呈进讫。[17]

（3）玉靶碗

靶碗即高足碗，既是实用器，也用作佛堂供器。材质以珐琅、瓷居多，玉质少见。《活计档》中仅有一次苏州织造为佛堂制作玉靶碗的记录。乾隆四十四年（1779）十一月二十七日乾隆帝下旨，从336块山料玉中选出7块，发往苏州，原计划做靶碗9件，但实际"仅玉做得靶碗八件"。次年七月初一日，这8件靶碗送到热河后，乾隆帝指示将其中6件供奉于佛堂。[18]（图3）

图5 乾隆款香色地五彩西番莲纹漆盘（故宫博物院藏）

（4）玉爵盘

爵盘由爵和盘两部分组成。据《活计档》可知，乾隆时期苏州织造曾多次奉旨制作玉爵盘，但在乾隆五十二年（1787）之前，玉爵盘通常是被用作实用器或祭器。从乾隆五十二年开始，玉爵盘被赋予了佛堂供器的新功能，苏州织造前后5次为佛堂制作了17件玉爵盘。[19]（图4）

（5）漆盘

乾隆元年（1736）十二月二十五日，乾隆帝下旨让苏州织造海保制作"黄地五彩西番莲花"脱胎漆盘1000件，其中五寸盘和六寸盘各500件。次年二月十六日乾隆帝改变了主意，把"黄地"改为"香色地"。这是乾隆帝登基之后布置给苏州织造的第一个任务，而这第一个任务就跟清宫佛教活动密切相关，因为档案明确指出，这1000件漆盘做好之后，其中有325件五寸盘和130件六寸盘被用于慈宁宫佛堂和慈宁宫花园佛堂。[20]这455件漆盘也就成为乾隆时期苏州织造制作呈进的第一批佛教器物。（图5）

2.所谓半成品,就是并没有最终成型、还需要进一步加工才能使用的器物。相对于成品而言,苏州织造制作的半成品数量要多得多。代表性的器物主要有丝织类的唐卡、佛衣、经帘、幡,玉质的嘎巴拉鼓、金刚铃杵以及钵等。

(1) 丝织唐卡

唐卡是藏文"thangka"的音译,意为宗教卷轴画,通常绘制在布或者绢上。丝织类的唐卡比较少见,但这却是苏州织造制作的最具特色的宗教器物。根据《活计档》的记载,从乾隆十一年(1746)闰三月二十七日[21]开始,到乾隆四十八年(1783)四月二十七日[22]为止,苏州织造前后53次奉旨制作了181幅丝织唐卡,其中绣线唐卡数量最多,达118轴,缂丝唐卡56轴位居其次,另有4幅妆花唐卡和3幅堆绫唐卡。

但为什么丝织唐卡是半成品而不是成品呢?下面这条档案告诉了我们答案。

(乾隆四十二年行文十月)十五日员外郎四德、五德来说,太监厄勒里交:红缎织金寿字边银轴头缂丝弥勒佛一轴、红缎织金寿字边银轴头绣弥勒佛一轴,俱系颐和轩佛箱内。传旨:着交苏州织造舒文照样缂做三轴,绣做三轴,镶边送来,其银轴头、包首、绦缏、圈挡、白绫签京内办做。钦此。[23]

这条档案清楚地说明,苏州只是负责制作唐卡最主要的画心和裱边部分,送到北京之后,京内造办处还要制作轴头、包首、白绫签等配件,也就是说,丝织唐卡最终是在造办处制作完成。(图6)

(2) 佛衣

佛衣也是苏州织造制作的丝织类佛教器物的代表作,既包括藏传佛教高僧在重大法事活动时所穿用的服饰(常见有缎地绣缀象牙璎珞衣、千佛衣、五衣、七衣、坎肩、披衫、裙等多种样式),[24]也包括装饰佛像的小型佛衣。

其中,缎地绣缀象牙璎珞衣通常由一套5件组成,其颜色各不相同,分别为白色、蓝色、绿色、红色和黄色,其中白色代表祥云,蓝色象征蓝天,绿

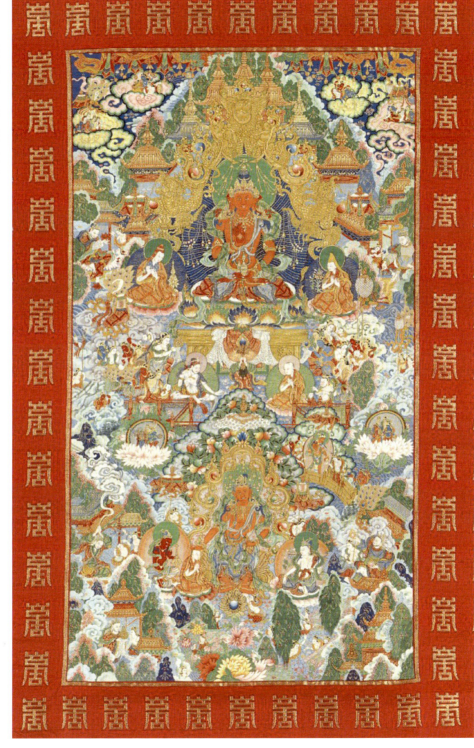

图6 红缎织金寿字边缂丝弥勒佛唐卡
（故宫博物院藏）

图 7-1 白缎地绣缀象牙璎珞衣
（故宫博物院藏）

图 7-2 蓝缎地绣缀象牙璎珞衣
（故宫博物院藏）

图 7-3 绿缎地绣缀象牙璎珞衣
（故宫博物院藏）

图 7-4 红缎地绣缀象牙璎珞衣
（故宫博物院藏）

图 7-5 黄缎地绣缀象牙璎珞衣（故宫博物院藏）

色表示江河，红色代表火焰，黄色象征大地。五色还分别代表"东南西北中"五个方向，即中央白色毗卢遮那佛、东方蓝色阿閦佛、北方绿色不空成就佛、西方红色阿弥陀佛和南方黄色宝生佛。（图7-1至图7-5）

根据《活计档》的记载，最早的一套5件缎地绣缀象牙璎珞衣是乾隆十年（1745）十月初七日奉旨制作的，次年二月初四日从苏州送回北京，乾隆帝指示"象牙璎珞交造办处茜色，其云肩、领袖、飘带亦交造办处成做"，这说明苏州送来的璎珞衣还只是半成品，需经过京内造办处最后加工定型才算完成，所以这套璎珞衣供奉到雍和宫时，已经是大半年之后的九月二十六日。[25]

随后，在乾隆二十五年（1760）[26]、三十二年（1767）[27]、四十一年（1776）[28]和四十二年（1777）[29]，苏州织造又先后做了16套缎地绣缀象牙璎珞衣，分别供奉在雍和宫以及慧曜楼、梵香楼、众香楼、淡远楼等各处"六品佛楼"。璎珞衣所需象牙原料均是由京内造办处发往苏州，比如乾隆三十二

图 8 铜镀金四臂成锁观音菩萨及云肩佛衣（故宫博物院藏）

年为雍和宫制作的五套25件绣缀象牙璎珞衣，最初估算"每件用象牙四十五斤，二十五件共约用象牙一千一百二十五斤"，[30]最后实际"每件用象牙三十九斤，共用过象牙九百九十五斤"。[31]

装饰佛像的小型佛衣，其目的是为了让佛像显得更加宝相庄严、雍容华贵。比如乾隆三十七年（1772）四月，乾隆帝下旨让苏州织造用"头等顾绣"技法制作了一套"云肩佛衣"，穿戴在养性殿西暖阁佛堂供奉的铜镀金四臂成锁观音菩萨身上（图8）。但苏州织造也仅仅是负责佛衣主体部分的制作，乾隆帝明确指示佛衣的"璎珞、金活着造办处成做"，还提供了"佛衣上穿璎珞用"的"三号白扣珠三钱六分"。[32]

（3）经帘

经帘是指镶嵌在佛经上下护经板内的锦缎，具有保护及装饰护经板的功能，本身并不能独立成器，只是佛经的重要附件之一。经帘通常由一套5块组成，从内到外分别为白、蓝、绿、红、黄五种颜色，其含义与五色璎珞衣相同。经帘表面多有八宝、缠枝莲花等佛教题材的纹饰。

《活计档》记载，乾隆时期苏州织造前后20次奉旨制作五色经帘，其中19次采用缂丝工艺，唯一一次采用织金工艺是在乾隆三十二年十一月二十一日，乾隆帝下旨仿照慈宁宫花园内的咸若馆供奉的一套康熙版《甘珠尔》经[33]，新造一套108函的《甘珠尔》经，即后世俗称的乾隆版《甘珠尔》经，其中的"织金五彩五色经帘"，便是交由"苏州织造"。[34]（图9-1至图9-5）这套乾隆版《甘珠尔》经后来被供奉在慈宁宫花园的慈荫楼。[35]

（4）幡

幡也是苏州织造制作数量较多的宗教器物之一，从乾隆八年（1743）十月二十七日[36]到乾隆六十年（1795）十月十六日[37]，先后38次为雍和宫[38]、重华宫[39]、宁寿宫[40]、阐福寺[41]等佛堂共计制作102堂（首）佛幡，以欢门幡为主，其他还有蝠儿幡、筒子幡、璎珞垂珠幡等。但遗憾的是，由于佛幡常年悬挂于佛堂中，两百多年来风吹日晒，几乎都未能保存下来。

图9-1 乾隆版《甘珠尔》经织金五色经帘,白色(故宫博物院藏)

图9-2 乾隆版《甘珠尔》经织金五色经帘,蓝色(故宫博物院藏)

图9-3 乾隆版《甘珠尔》经织金五色经帘,绿色(故宫博物院藏)

图9-4 乾隆版《甘珠尔》经织金五色经帘,红色
(故宫博物院藏)

图9-5 乾隆版《甘珠尔》经织金五色经帘,黄色
(故宫博物院藏)

需要注意的是，苏州做好送来的幡，还需要经过京内造办处为其"配幡头""安合竹板"[42]等工序，方能悬挂于佛堂。

（5）玉嘎巴拉鼓

嘎巴拉，也称作嘎布拉，是梵文"kapala"的音译，头盖骨或者骷髅的意思。嘎巴拉鼓又称达玛茹，清宫称札嘛噜，为梵文"ḍamaru"的音译，系将两个头盖骨，顶靠顶地黏合形成两个鼓腔，外蒙鼓皮，并束以金属腰箍，再缀以五色飘带，腰箍上还牵出两条丝线编制而成的细绳，末端缀以丝线编织的小球。使用时手持腰箍并来回转动手腕，用小球击打鼓面发出声音，类似拨浪鼓。它主要用于修行无上瑜伽部密法及施行灌顶仪式，据说鼓声可以召唤一切佛陀、菩萨和空行母，同时也可以驱除恶魔。

从乾隆二十四年（1759）十二月十四日[43]开始，到乾隆五十九年（1794）八月二十八日[44]为止，苏州织造前后9次共制作了29件玉嘎巴拉鼓。

从档案记载可知，苏州织造主要负责制作玉质鼓坯及五色飘带，嘎巴拉鼓的最后成型还需要添配"银镀金镶松石腰箍""鞔皮画金套"[45]等，这些工作都是在京内造办处完成的。（图10）

（6）玉金刚铃和金刚杵

金刚铃和金刚杵是藏传佛教最常见的法器，两者配对使用于念经等佛事活动中。"金刚"源于梵文"vajra"，意思是"坚固"和"力大无比"，像金刚石那样具有坚不可摧的硬度和璀璨之光。金刚铃代表的是智慧和空性，金刚杵代表的是方便和方法。

金刚铃杵通常为铜质，但从乾隆三十六年（1771）正月二十二日[46]到乾隆五十九年（1794）八月二十八日[47]，苏州织造先后8次奉旨制作了28套玉铃杵。

理论上讲，当玉铃杵从苏州送来后，可以直接使用而无须进一步加工，但从档案记载来看，乾隆帝每次都会让造办处为铃杵添配"鞔皮画金套"[48]，完成后才允许交佛堂。从这个角度看，苏州送来的玉铃杵也只能属于半成品范畴。（图11）

图10 玉嘎巴拉鼓（故宫博物院藏）

图11 玉铃杵及鞔皮画金套（故宫博物院藏）

图12 青玉染色阴刻填金七佛偈钵（故宫博物院藏）

（7）钵

钵也是常见的佛教用具之一。僧侣手中托钵是用于化缘，清宫佛堂内供奉的钵则是以礼敬诸佛为主要目的。

从档案记载来看，苏州织造先后 8 次奉旨制作了 10 件钵。最早一件是乾隆二十二年（1757）二月二十三日仿苏州开元寺陶钵制作的一件沉香钵[49]，最晚一件是乾隆五十六年（1791）三月十九日制作完成的黑白玉钵[50]。

根据《活计档》的记载，苏州织造将钵送到北京后，乾隆帝通常会指示"交懋勤殿"在钵内外壁"刻字"[51]或"刻诗"[52]（图12），并让造办处为其"配鞔皮画金套"[53]或者"配座"[54]，所以，苏州制作的佛钵依然只是半成品。

图13 绣文殊菩萨唐卡（故宫博物院藏）

（二）按照用途或者归属，可分为供奉于宫廷佛堂和赏赐两类。

1. 供奉于宫廷佛堂

根据《活计档》记载，苏州织造制作呈进的2931件套佛教器物中，大部分被供奉在宫廷佛堂。比如乾隆四十年（1775）五月初八日，乾隆帝下旨，以三世佛、文殊菩萨、观音菩萨等10幅绘画唐卡作为样本，"发往苏州"照样绣做唐卡，其中"文殊菩萨（图13）、观音菩萨、狱地主、吉祥天母各绣做二轴"，并"镶红缎金寿字边"，次年十月二十八日这批唐卡绣好送回北京后，乾隆帝又指示将其供奉在宁寿宫佛堂。[55]

图 14-1 缂丝上乐金刚唐卡（故宫博物院藏）

图 14-2 缂丝密集金刚唐卡（故宫博物院藏）

2. 赏赐

苏州织造制作呈进的佛教器物，还会被皇帝作为重要的礼品，赏赐给西藏、内蒙古等地区的寺庙或者宗教领袖。

比如乾隆三十七年（1772）十二月十五日，苏州织造舒文派人将新做的青白玉嘎巴拉鼓、铃杵一套，以及当作样本用的玉嘎巴拉鼓、铃杵一套送到北京。乾隆帝留下新做的这套，而把做样本的那套赏给了他的金刚上师三世章嘉呼图克图。[56]

又如乾隆四十四年（1779）十一月二十二日，乾隆帝命人将佛堂收供的一套3轴缂丝上乐金刚、密集金刚和大威德金刚唐卡，"俱配黄纺丝帘"，赏赐给六世班禅额尔德尼，紧接着又让苏州织造全德照样"缂做三轴、绣做三轴送来收供"。两年后即乾隆四十六年（1781）十月二十一日，新缂做的一套3轴唐卡送到北京。[57]（图14-1 至图14-3）

图14-3 缂丝大威德金刚唐卡（故宫博物院藏）

三、苏州织造制作呈进佛教器物的流程

根据《活计档》的记载，制作呈进流程大致分为三个阶段，即布置、制作和验收。每个阶段又可以进一步细分。

（一）布置

（乾隆四十四年行文十一月）初九日员外郎四德、五德，催长大达色来说，太监鄂鲁里交阿弥陀佛挂像佛一轴，镶石青洋锦边，银轴头，吉云楼佛箱内收供。传旨：着交苏州织造全德照样绣做二轴、缂做二轴，其银轴头留京成做。钦此。

于四十七年六月二十三日将苏州送到绣像佛二轴、缂丝二轴、原样一轴呈进，镶边成做另有记载。[58]

从这条档案我们可以得出两个结论：其一，布置活计的命令是由乾隆帝亲自下达。其二，发往苏州的活计，京内造办处首先要提供样本，苏州织造只是负责"照样"制作。如果没有现成的样本，京内造办处还得先做出样本，经乾隆帝审阅批准后，才能发往苏州进行下一步工作。

比如乾隆二十五年（1760）十一月初十日，乾隆帝决定要为一件"紫檀木座树根山子""配造"一尊玉观音，由于没有现成的样本，所以造办处首先画出"观音纸样一张""呈览"。乾隆帝审阅完纸样后，让再做"木观音样"。十二月初二日观音的木样得到了乾隆帝的首肯，造办处才敢把准备好的原材料"青白玉一块"及木样"交苏州织造安宁处照样成做"。[59]

当然，极个别的时候，乾隆帝也会改变主意。比如，乾隆四十八年（1783）十一月初五日，乾隆帝原计划在清净化城后楼东稍间的供桌上，让苏州织造制作一堂"缂丝喇嘛字三面壁衣"，结果六天之后，当造办处画好纸样送到乾隆帝面前时，后者却指示"不必成做"。[60]

（二）制作

样本送到苏州后，苏州织造不敢有丝毫马虎懈怠，全力以赴进行生产加工。从档案记载推断，绝大部分器物的制作过程都十分顺利，但偶尔也会出现一些问题。

乾隆五十七年（1792）十一月二十八日，造办处"挑得山料玉五块"，"画得嘎布拉鼓、铃杵三份呈览。奉旨：交苏州织造五德成做"。但是，第二年三月二十五日，苏州把这5块玉料退回北京，因为锯开玉料后发现"俱有石性绺道，难以成做"。乾隆帝只好指示，"着如意馆另挑玉发给成做"。[61]

此外，在制作过程中，乾隆帝还会就发现的问题对苏州织造提出警示。

乾隆二十八年（1763）十月初八日，乾隆帝指出苏州送到的4件缂丝包首有问题。造办处官员仔细核对之后，发现确实有"缂做未到描画之处"，即工匠用简单的描绘手法替代了复杂的缂丝工艺。乾隆帝十分生气，一方面要求追查相关官员责任，另一方面还专门寄信给时任苏州织造的萨哈岱，提醒他"嗣后理宜精细查看，不可以描画认为缂丝"。后来调查结果显示，问题出在"原任苏州织造安宁任内"，因安宁已于前一年去世，所以乾隆帝特批"着豁免"。[62]

乾隆四十三年（1778）闰六月十七日，乾隆帝传旨给苏州织造舒文，令其制作10匹织金清字缎，其中"应用金线由内廷发给"。为此，乾隆帝还特地提醒舒文，由于发现"从前织办清字缎上金线金色不似原发金线金色，此次发去金线，着伊小心监视，勿致匠役抵换"。[63]

除了警示，乾隆帝更多的时候是在催工。

乾隆二十七年（1762）十月二十日催促苏州将"成做之玉佛急速送来"。[64]乾隆三十七年（1772）五月十五日，乾隆帝表示"苏州成做玉嘎布拉鼓三份，并非细致活计，头一份已做至一年半，第二份亦有一年有余，俱尚未做得，甚属迟滞，着传与舒文快做送来"。[65]乾隆四十六年（1781）六月初十日，乾隆帝又嫌弃苏州呈进活计"迟滞"，指示额驸福隆安传话给苏州织造全德，提醒他"嗣后按月活计必要月底送来呈进，如再迟滞，治不是"。[66]

那么，从苏州到北京，路上需要走多少天呢？档案对此也有明确记载："如传办活计数少载轻","自苏启程,必得二十二天方到","如传办活计数多载重,或途逢雨雪难行",路上时间还得延长。[67]

(三)验收

当制作完成的佛教器物从苏州送到北京之后,就进入到验收阶段。从档案记载来看,这个阶段还可以分成两个相对独立的环节。

一个环节是成本核算报销。每做完一项活计,苏州织造都会送来一本关于成本核算的"报销蓝册",乾隆帝会安排专人负责"照例查核"。[68]

另一个环节是器物验收。这项工作由乾隆帝亲自完成,绝不假手于他人,如果当时他正好不在北京,比如在热河,那也无妨,把器物送到热河便是。皇帝亲自验收,客观上也就使得各级官员、工匠都很小心谨慎,不敢马虎。所以,绝大部分的产品都是验收合格的。

合格的产品,乾隆帝还会亲自安排它们各自的去处,其中,半成品交造办处其他机构继续加工制作,完成后会再次进行验收;成品则送去宫廷佛堂供奉或者用于赏赐。

此外,还发现了一个特别有意思的现象,有少部分成品会被作为样品再次发往苏州,开启新一轮的器物制作流程。这类器物一定是深得乾隆帝的喜爱,才会得到反复制作的待遇。前文所提及的一套3轴缂丝上乐金刚、密集金刚和大威德金刚唐卡,便是其中代表之一。从档案记载来看,包括这套唐卡在内,苏州织造从乾隆二十七年(1762)十一月二十九日[69]到乾隆四十八年(1783)十月二十七日[70],在近21年的时间里,前后11次奉旨,共做了15套45件,包括绣做11套33件(图15-1至图15-3)、缂丝4套12件。

对于验收不合格的产品,乾隆帝的态度非常明确,零容忍!对负有直接责任的苏州织造官员,根据情节轻重,分别采取"申饬、所用工料不准开销、赔补、罚俸"四种惩罚措施。对不合格的产品,则要么修改,要么重做。

比如乾隆二十七年(1762)十二月二十四日,苏州织造萨载送来的两份千佛衣缎,部分"尚堪应用",部分验收不合格。对此,乾隆帝批示:第一,不

图15-1 绣上乐金刚唐卡(故宫博物院藏)

图15-2 绣密集金刚唐卡（故宫博物院藏）

图15-3 绣大威德金刚唐卡（故宫博物院藏）

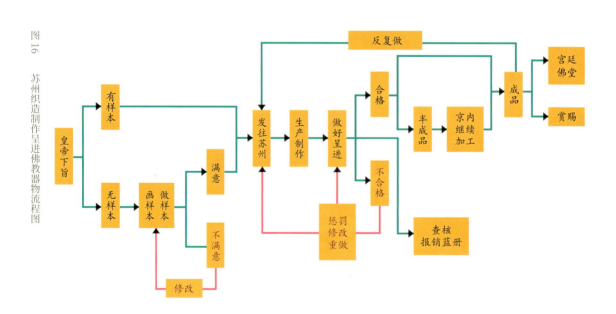

图16 苏州织造制作呈进佛教器物流程图

合格部分的工料银"一百零二两一钱三分""不准开销";第二,"尚堪应用"部分的工料银共计"四百六十九两九钱一分二厘六毫",可以报销"四十九两九钱九分一厘",剩余部分"俱着该织造萨载赔补";第三,"着萨载照样另行精细成做二份"。[71]

综上所述,我们可以绘制出一张乾隆时期苏州织造制作呈进佛教器物的流程图。(图16)从图中可以清楚地看出,制作一件佛教器物,其流程相当复杂,需要多部门、多工种相互协调,密切配合,共同努力,才能圆满完成。

四、余论

从乾隆元年到乾隆六十年(1736—1795),苏州织造制作呈进了400项、2931件套佛教器物。这些器物,每一件都是不朽的传世精品,每一件都是苏州工匠智慧和心血的结晶,每一件都是苏州工匠精雕细琢、精益求精的产物,这也正是当今大力倡导的工匠精神的完美反映。

苏州织造制作的佛教器物,除了用作陈设布置宫廷佛堂之外,还被作为重要的礼物赏赐到了西藏、内蒙古等地区,成就了一段段历史佳话。至今这些地方还保存着不少的苏作文物,它们都是民族交流和融合的重要实证。

注释：

〔1〕 中国第一历史档案馆、香港中文大学文物馆合编：《清宫内务府造办处档案总汇》第1—55册，北京：人民出版社，2005年。以下简称《总汇》。

〔2〕 严勇：《清代的官营丝织业》，《故宫博物院院刊》，2003年第6期，第82—89页。

〔3〕 《钦定总管内务府现行则例》"广储司"卷二"织造承办事宜"，故宫博物院编：《钦定总管内务府现行则例二种》第3册，海口：海南出版社，2000年，第404页。

〔4〕 此类记载较多，略举三例。"（乾隆三年七月记事录）二十八日……内大臣海望为挑补匠役并添给饭食缮折一件……应添补……镶嵌匠一名、木匠三名、砚匠一名、画样人一名、大器匠五名，寄字与织造海保，令其拣选好手匠人送赴来京，以共应艺。"（前揭《总汇》第8册，第255—256页）"（乾隆二十九年如意馆二月）二十七日接得郎中德魁等押帖一件，内开本月二十一日太监胡世杰传旨：着苏州织造萨哈岱挑好手玉匠二名、刻玉字匠二名来京。钦此。"（前揭《总汇》第28册，第782—783页）"（乾隆三十八年行文十月）……初八日太监胡世杰传旨：启祥宫刻玉字人甚少，着交苏州织造舒文选好手刻玉字人二名前来内庭当差。"（前揭《总汇》第36册，第705页）

〔5〕 前揭《总汇》第47册，第597—600页；第49册，第248—250页。

〔6〕 《活计档》是按月记录，从乾隆元年到乾隆六十年间，除每年12个月之外，还有23个闰月。

〔7〕 前揭《总汇》第24册，第617—618页。

〔8〕 前揭《总汇》第24册，第624—625页。

〔9〕 前揭《总汇》第30册，第374页；第31册，第33页。

〔10〕 前揭《总汇》第44册，第16—17页、第531页、第815页。

〔11〕 前揭《总汇》第44册，第16—17页、第605页。

〔12〕 前揭《总汇》第44册，第24—25页。

〔13〕 前揭《总汇》第44册，第16—17页。

〔14〕 前揭《总汇》第44册，第815页。

〔15〕 前揭《总汇》第25册，第534—535页。

〔16〕 前揭《总汇》第51册，第288—289页。

〔17〕 前揭《总汇》第38册，第656页。

〔18〕 前揭《总汇》第43册，第200—228页；第44册，第157—158页。

〔19〕 前揭《总汇》第50册，第17—21页、第107页、第290—291页、第651—652

页；第53册，第598—601页。
〔20〕 前揭《总汇》第7册，第207—208页。
〔21〕 前揭《总汇》第14册，第345页。
〔22〕 前揭《总汇》第46册，第686—687页。
〔23〕 前揭《总汇》第40册，第232—233页。
〔24〕 前揭《总汇》第27册，第515—517页。
〔25〕 前揭《总汇》第13册，第718页；第14册，第296页。
〔26〕 前揭《总汇》第25册，第348—349页。
〔27〕 前揭《总汇》第30册，第768—770页；第31册，第725页；第32册，第651页、第668页。
〔28〕 前揭《总汇》第39册，第524—526页；第40册，第461—462页。
〔29〕 前揭《总汇》第40册，第833—843页。
〔30〕 前揭《总汇》第30册，第769页。
〔31〕 前揭《总汇》第39册，第524页。
〔32〕 前揭《总汇》第35册，第111—113页。
〔33〕 现存台北故宫博物院。
〔34〕 前揭《总汇》第30册，第581—589页。
〔35〕 故宫博物院编：《慈宁宫花园》，北京：故宫出版社，2015年，第164页。
〔36〕 前揭《总汇》第11册，第824页。
〔37〕 前揭《总汇》第55册，第322页。
〔38〕 前揭《总汇》第14册，第59页。
〔39〕 前揭《总汇》第30册，第750页。
〔40〕 前揭《总汇》第36册，第627—628页。
〔41〕 前揭《总汇》第40册，第196—198页。
〔42〕 前揭《总汇》第37册，第415页。
〔43〕 前揭《总汇》第24册，第709页。
〔44〕 前揭《总汇》第54册，第405—406页。
〔45〕 前揭《总汇》第54册，第400—401页。
〔46〕 前揭《总汇》第34册，第472页。
〔47〕 前揭《总汇》第54册，第405—406页。
〔48〕 前揭《总汇》第35册，第529—532页；第44册，第556—557页、第810—811页。
〔49〕 前揭《总汇》第22册，第731—732页。
〔50〕 前揭《总汇》第52册，第618—619页。
〔51〕 前揭《总汇》第49册，第197页。

〔52〕　　前揭《总汇》第40册，第420页。
〔53〕　　前揭《总汇》第46册，第729页。
〔54〕　　前揭《总汇》第38册，第743页。
〔55〕　　前揭《总汇》第38册，第645—646页。
〔56〕　　前揭《总汇》第35册，第558页。
〔57〕　　前揭《总汇》第42册，第640—641页。
〔58〕　　前揭《总汇》第42册，第638页。
〔59〕　　前揭《总汇》第25册，第534—535页。
〔60〕　　前揭《总汇》第46册，第720页。
〔61〕　　前揭《总汇》第53册，第182—183页。
〔62〕　　前揭《总汇》第28册，第110—111页。
〔63〕　　前揭《总汇》第41册，第409页。
〔64〕　　前揭《总汇》第27册，第384页。
〔65〕　　前揭《总汇》第35册，第470页。
〔66〕　　前揭《总汇》第44册，第800页。
〔67〕　　前揭《总汇》第38册，第670页。
〔68〕　　前揭《总汇》第44册，第158页。
〔69〕　　前揭《总汇》第27册，第353页。
〔70〕　　前揭《总汇》第44册，第609—610页。
〔71〕　　前揭《总汇》第27册，第355—356页。

"人间都会最繁华，除是京师吴下有"
——大清盛世中的苏州

罗晓翔／南京大学历史学院教授

乾隆二十四年（1759）九月，苏州籍宫廷画师徐扬完成了《盛世滋生图》。这幅作品乃乾隆皇帝于三年前命如意馆制作。由于次年即为乾隆帝二次南巡之年，该图的主题当为展现南巡盛况。经过三年时间，这幅长达十二米的画卷终于完成。画师徐扬选取了康熙、乾隆二帝在历次南巡途径苏州时必然临幸的地段，以高度凝练的手法"重点描绘了灵岩、虎丘两山之间一村（山前村）、一镇（木渎镇）、一城（苏州府城）、一街（山塘街）的景况"，"生动形象地记录了18世纪中叶苏州高度繁荣的景况"。[1]

然而这幅图的真正寓意并不止于此。正如徐扬在卷末跋语中一再强调，图中所绘乃盛世之缩影，折射出大清王朝"治化昌明，超轶三代，幅员之广，生齿之繁，亘古未有"之超绝气派。确实，如果要选取一个城市来展现时人的盛世想象，苏州无疑是京城以外的最佳选择。京城乃辇毂之地、首善之区，以威严雄美而著称。苏州地处江南，精致婉约，代表着另一种大都会气质。正如嘉道时人言："繁而不华汉川口，华而不繁广陵阜。人间都会最繁华，除是京师吴下有。"[2]清代的北京与苏州，一为北方政治中心，一为南方工商业中心，二者相距千里，却又命运相连。要体味清代姑苏繁华，首先要进入那个盛世时空。

一、盛世滋生

清朝是中国历史上最后一个帝制王朝，也是一个征服王朝。明崇祯十七年（1644）四月底，以李自成为首的农民起义军攻入北京，崇祯皇帝自缢于煤山，明朝灭亡。一个多月后，起义军在明宁远总兵吴三桂与清摄政王多尔衮的联手攻击下退出京城。六月初，多尔衮率军进入北京；十月底，清统治者福临即帝位，定国号大清，年号顺治。

清朝统治前几十年间，内战频繁。从镇压抗清武装到平定三藩之乱、统一台湾，大小战事不断。直至康熙中期，即17世纪末，统治秩序渐趋安定。此后近200年间，境内未再发生大规模战争，政权稳定，经济恢复，人口增长，清朝进入"盛世"期。

中国的人口在18世纪增速极快，至乾隆末年总人口已超3亿，是清初的20余倍。在经济较为发达的江南地区，人口尤为密集。据吴承明先生统计，安徽、江苏、浙江三省在乾隆二十二年（1757）与嘉庆十七年（1812）的总人口数分别接近6千万与1亿。[3]人口增长不仅是政治安定、经济复苏的结果，也得益于晚明以来玉米、番薯、花生等美洲作物的引进，以及清政府大力推行的垦荒政策。在人口增长的同时，国家对人口的直接控制却不断放松。康熙五十一年（1712），朝廷下令以康熙五十年的人丁数作为固定数额摊入土地，此后"滋生人丁，永不加赋"。至雍正初年，全国普遍推行"摊丁入亩"，废除人头税。从明代的"均徭银"到"一条鞭法"，直至清代的"摊丁入亩"，一系列赋役制度改革不断刺激着农村经济模式与城乡关系的变化。

此时的中国社会以农业与商业为经济支柱。其中农村经济已逐渐摆脱自给自足的传统模式。赋役折银不仅为人口流动创造了条件，也促进了商品性农作物种植、家庭手工业生产与市场交易。随着基层市场与专业市镇数量的上升，一个庞大的、联系城乡的市场网络日趋成熟。市场交易的支付方式，除官方铸造发行的铜钱外，更重要的是自明中后期已经货币化的白银。国内最大的白银与铜矿开采基地在云南，但产量有限，于是清政府通过国际贸易提高贵金属供应量。丝绸、茶叶、瓷器、蔗糖等商品的大规模出口换来美洲，以及日本生产的白银与生铜。美国学者弗兰克认为，17、18 世纪全世界白银产量的三分之一乃至二分之一都流入了中国。这体现出中国强大的生产能力及其世界经济中心地位。[4]

然而 18 世纪的盛世之中，也暗含着危机。首先，人口增长对社会发展的影响取决于经济模式与技术水平。清代农商社会模式在很大程度上限制了人口承载力。当农村耕地资源开发接近饱和时，人口持续增加便会导致农业生产边际效益递减，经济增长出现内卷化趋势。在一定程度上，江南地区农村家庭手工业生产及新型市镇的兴起，也是生存压力下的被动选择。但这种生产模式对城市化、工业化的推动力有限，难以引发实质性的社会变革。

与此同时，清朝国家财政固守原额主义。在"天地生财，只有此数"的思维模式下，解决国家生齿日繁、费用倍增的基本思路仍是厚生为本、量入为出。尽管市场规模与交易量不断提升，但商业税收管理手段与效率依然低下，朝廷的关注点仅仅放在盐税与商税上。中央与地方政府都未能从商业规模扩大中真正获益。19 世纪之后，当土地税、盐税、关税收入皆呈下降趋势时，国家经济运转便陷入困境。

国内市场对海外白银的过度依赖，也埋下了巨大的危机隐患。清政府始终未意识到建立中央银行、发行货币的重要性，导致国家货币主权缺失。在白银与铜钱双轨制下，银钱比价直接决定着纳税人负担与政府购买力。一旦比价发生剧烈波动，便会引发社会问题。换言之，中国社会经济能否稳定运行，在很大程度上受制于出口贸易额与白银供给量。随着日本与欧洲国家在纺织业、制瓷业技术上的提升，以及欧洲殖民者在印度与北美建立工业化、标准化制茶、制糖基地，中国商品在国际市场上的竞争力逐渐下降。这直接冲击着大清王朝的经济命脉。

正是这样的社会经济大背景，决定了苏州的发展模式。

二、姑苏繁华

明清之际，江南地区是无可争议的全国经济文化中心。江南的核心区，则是太湖流域的苏州、松江、常州、杭州、嘉兴、湖州六府。这里自然条件优越，适宜稻作，被称为鱼米之乡。也正因如此，江南人口密度大、赋税总额高，尤以苏州、松江二府为甚。

在人口与赋税的双重压力下，江南经济模式转型较早。除传统稻作农业外，以桑、棉为主的经济作物种植相当普遍，农村家庭积极参与生丝加工与棉布生产，专业化程度与生产技术不断提高。嘉湖一带的丝绸、松江府的棉布，都以质优物美闻名天下。农村副业生产也促进了市场发展。农户不仅要将产品送至市场售卖，也要从市场中购买口粮，完成以副助农的交换过程。自明中后期开始，专业市镇在江南逐渐出现。入清后，此类市镇的增长势头不减。这些新型市镇不仅吸引了大量外来资金，将本地市场与远方市场甚至国际市场联系起来，同时也创造了更多就业机会，促进了江南经济繁荣。

经济发展往往伴随着文化昌盛。江南素称人文渊薮，在很多方面堪称中国传统文化典范，如重视教育、科举成功者多，且江南望族中以文化世家比例最高。在文学、史学、思想、医学、书画、书籍编纂与出版，乃至园林营建、器物制作、服饰餐饮等方面，江南皆处于引领地位。而苏州则是集所有江南社会典型特征于一身的代表。

清代的苏州城是多级行政机构所在地。作为苏州府城，原有吴县、长洲县两附郭县。雍正初，由长洲县中析出元和县，自此便有三县附郭。此外，苏州也具有省会城市的政治功能。由于江南为财赋重地，省级行政架构也较为特殊，清代有南京、苏州两个政治中心。顺治十八年（1661），清廷分江南右布政使于苏州。康熙六年（1667）取消左、右布政使名目，在江南省特设两布政使，其中江苏布政使驻苏州。乾隆年间，江苏、安徽分省，江苏省依然保留了两布政使，即江宁布政使与苏州布政使。同时，苏州也是江苏巡抚衙门所在地。

就城市规模而言，苏州比南京小很多。南京在明初曾为国都，洪武时期举全国之力修建了周长七十余里的城墙，设城门十三，至清代规制未改。苏州府城的规模自南宋以后变化不大，城墙周长约三十里；清代设六座城门，分别为阊门、胥门、盘门、葑门、娄门、齐门。清代中期，苏州府城人口在70万左右，[5]但在城中分布并不均匀。总体而言，西部吴县辖境较东部长洲、元和两县辖境更为繁华。乾隆《元和县志》中载：

> 今之元和，昔之长洲也。昔之长洲，古之吴会也。风气习俗大约不甚相远。然细分之，即一城之内亦有各不同相同者。娄、葑偏东南，其人多俭啬，储田产。齐门勤织业、习经纪，不敢为放逸之行。盘门地僻野，其人家多贫，类乔野，习于礼貌、娴于世务者鲜。阊、胥地多阛阓，四方百货之所集，仕宦冠盖之所经，其人所思者广，所习者奢，拘鄙谨曲之风少，而侈靡宕佚之俗多矣。[6]

可见18世纪中期，苏州城东面娄门、葑门一带还有些许乡野气息，东北齐门一带居民以丝织业为生。这是明中叶后一直保持的格局。嘉靖《吴邑志》中即称"绫锦纻丝、纱罗绸绢皆出郡城机房，产兼两邑，而东城为盛，比户皆工织作，转贸四方，吴之大资也"。[7]朱国桢（1558—1632）在《皇明大事记》中谈到万历二十九年（1601）苏州民变时亦言："苏民素无积聚，多以丝织为生，东北半城，大约机户所居。"[8]但到了乾隆后期，原先"人多俭啬，储田产"的葑门、娄门外也已是"万家烟火""地值寸金"的热闹景象。[9]

城西自明代开始就"西较东为喧闹，居民大半工技。金阊一带比户贸易，负郭则牙侩辏集"。[10]金阊即阊门，是苏州的象征之一，承载着城市的历史记忆。据载春秋晚期，吴王阖闾建都苏州，命伍子胥建城。因阖闾有西北攻楚之志，故设阊门以通天气，该门又名"破楚门"。陆机《吴趋行》中即有"吴趋自有始，请从阊门起"之句。[11]由于阊门与运河相通，交通便利，自然成为商旅辐辏之地。康熙时，阊门内外"居货山积，行人水流，列肆招牌，灿若云锦，语其繁华，都门不逮"。[12]阊门至虎丘之间的七里山塘，最为出名，"储积商贾亚于枫桥，而川广诸货亦骈集焉"。[13]道光年间，冯云鹏曾以"阊门接虎阜，七里锦绣图"描绘其盛况。[14]《盛世滋生图》中反映的城市商业景观，也主要集中在胥门至阊门之间，图中可辨市招达260余家。其中丝绸棉染、金银玉器、服装鞋帽、图书字画、餐饮小吃、洋货日杂等无所不包，是城市工商业繁荣的生动写照。[15]

府城周边的大市与市镇，则扮演着卫星城的角色。以大城市为中心、以郊区市镇为延伸的城市扩张模式,是明清苏州城市化的一大特征。[16]苏州府城附郭之吴县、长洲县辖境内市镇总数,明正德时为15个;至乾隆时期,附郭三县市镇总数增至27个;清代中期新增12个市镇,分别为枫桥市、唐浦镇、陆墓镇、金墅镇、望亭镇、蠡口镇、唯亭镇、周庄镇、章练塘镇、新郭镇、韩镇、徐庄镇。[17]这些市镇中,只有少数具有行政职能。如《盛世滋生图》中出现的木渎镇为吴县巡检司驻地,陈墓镇为长洲县巡检司驻地,其他皆为新型专业市镇,它们与府城共同支撑起苏州的工商业繁荣。

然而,正如《盛世滋生图》所要表达的那样,姑苏繁华是治化昌明的象征,是皇恩渥沐的结果。确实,18世纪苏州城市工商业的发展既有内部动力,也靠外部刺激。"宫廷样,苏州匠"这句俗语,就简明扼要地概括出朝廷需求与苏州制造间的关系。

三、"宫廷样,苏州匠"

苏州之所以多能工巧匠,与地域文化不无关系。江南人素以"巧"闻名,苏松尤甚。明代应天巡抚周忱(1381—1453)即言:"天下之民,出其乡则无所容其身;苏松之民,出其乡则足以售其巧。"[18]王士性(1547—1598)在地理书《广志绎》中也特别提到苏州人聪慧、浙西人性"巧"与苏松相似,此外,能称"巧"的便是广东人。当然,苏州城中的工匠并不都是土著。在技术含量低、对体力要求高的领域,如踹坊、染坊、硝皮坊、纸坊或冶坊中,有大量外来劳动力。苏州匠人的技艺主要体现在一些工艺繁复的上用服饰器物中,对这些物品的设计要求,就是"宫廷样"。

事实上,苏州人也是善于设计的。明清时人常追求"苏意""苏样""苏式","各地唱苏州戏,饰苏州头,穿苏州式样服装,用苏州式样器物,行为举止如苏州人状,体现出苏州风格"。[19]苏州之外,另一个风尚引领之地就是京城,京城式样被称为"京样"。正如道光《綦江县志》中所载,当地冠服"式屡变而无所止,俱由京都变来,谓之京样。新样一到则旧样皆废,以为不合时款,其实犹簇新也"。[20]与"苏样""京样"相比,"宫廷样"更强调皇帝的喜好与品位。在面对宫廷订单时，苏州工匠能提供的只是技术，在式样风格上则由朝廷主导。

将"宫廷样"与"苏州匠"联系起来的，是苏州织造局。该机构历史可追溯至元代。明洪武元年于苏州天心桥东建织造局，起初由地方官督管，后多由内使掌事。清顺治三年（1646），朝廷遣工部侍郎陈有明、满洲官尚志督理织造。因局所湫隘，遂将明嘉定伯宅院改建为总织局与织造局。据陈有明所撰《建总织局记》，改建后"总织局前后二所，大门三间，验缎厅三间，机房一百九十六间，铺机四百五十张，绣缎房五间，局神祠七间，染作房五间，灶厨等房二十余间，四面围墙一百六十八丈，开沟一带，长四十一丈。厘然成局，灿然可观"。顺治十年（1653），工部侍郎周天成再次修葺，机房达二百四十间。康熙二十二年（1683）又增建机房。次年康熙南巡经过苏州时，还曾在署中留宿一夜。[21]

织造局之设，必然给地方社会带来负担。苏州总织局与织染局共有花机八百张，机匠二千三百余名，局役二百七十余名。机匠按月供给口粮，官员与局役要开支薪俸，局中还有各种使费，这些开销全部从苏松二府下辖各县摊征。其中局粮每年近一万三千石，苏州府负担九成，松江府负担一成。薪俸、纸张、蔬菜油烛、案衣家伙、书役工食，以及龙衣船修理料价、水手工食共计银一千五百余两，亦由苏松二府各县负担。[22]这无疑增加了地方赋税压力。据方志记载，吴江县"局粮尤为难解，欠愈久而收愈浮"。乾隆初年，吴江知县邹玉章"令粮户纳春白米九斗，准正米一石"，管仓胥吏称不敷支解。邹县令"亲诣织造局，解额外一切需索皆屏绝，竟得以九当十，如其收数。额征正银，民自封投柜，丝毫不溢"。[23]地方民众感恩不尽，但这也从侧面反映出织造局银粮征收中普遍存在的需索、浮收之弊。

但另一方面，苏州织造局也刺激了苏州地区的工商业发展。首先，织造局每年支销工料价银并采买等项共八万余两。作为"18世纪消费能力最强的君主"，[24]乾隆皇帝向苏州地区挹注资金尤多。织造局承造各类上传特用之袍、褂、床品、伞、佛幔、经盖、手帕、缎匹、金线等，此外，还承造大量玉器，包括陈设类、配饰类、册宝类、神像类。专诸巷的苏州玉工由此天下闻名。

乾隆皇帝还喜欢制作扳指、鼻烟壶、火镰包、荷包等器物，以颁赐王公大臣，意在强调"国语骑射"的精神。[25]他也喜欢看戏，苏州织造局为宫廷戏班承做了无数戏服、头面。常州人赵翼（1727—1814）称"内府戏班，子弟最多，袍笏甲冑及诸装具，皆世所未有"。[26]

其次，御用物品的生产技术与外观设计必然会向民用产品渗透。作为高端产品的生产地，苏州往往是外地官员采办贡物的中心，这进一步提高了苏州商品的市场声誉。乾隆《吴县志》中称："吴为东南一大都会，当四达之冲，闽商洋贾，燕齐楚秦晋百货之所聚，则杂处阛阓者，半行旅也。"[27]各路商人、资本、货物汇集苏州，不仅刺激了城市商业繁荣，也带动了旅店、餐饮、休闲娱乐、运输等一系列上下游产业发展。但这种城市工商业发展模式也存在极大的局限性。

四、苏州经济的局限性

早在乾隆初年，长洲县令李光祚就对苏州的"繁华"本质做过剖析。他在谈论当地风俗时指出：

> 忆囊昔公车三过此，亦每叹美为繁华世界。自宰此数年来，始知此地所谓繁华者，止缘水陆四达衢，山海百物之聚，附郭市廛阛阓之际，四方巨商富贾鳞集之区，灿若锦城，纷如海市。一切歌楼酒馆与夫轻舟荡漾、游观宴饮之乐，凡皆行户商旅之迭为宾主，而本郡士民罕与也。就郡城三邑计之，吴邑商贾所集，元和富室稍多，独长邑瘠而贫。读书之家稍自给者，更不以封殖为学殖，累贫者砚为田，曾未见绅士之日从事于邀游宴乐，亦并未见其吉凶仪礼之弥文侈荡也。市民室鲜盖藏，日逐蝇头为朝夕计。乡民则力田捕鱼、佣作操舟而外，罕有携数百金贸迁于外者。男妇衣履多鹑结芒鞋，触目不胜感叹。原其故，盖缘户口日益繁，米价岁益昂，生计日益艰且窘，故风景日益暗淡萧条，即欲求所谓繁华者而不可得矣。[28]

在长洲做了几年县令后，李光祚发现苏州的优势一是水陆交通便利，二是外来资本聚集。在一定程度上，市面之繁华与本地士民的消费能力有脱节现象。在18世纪中期，人口压力与通货膨胀已经令地方产生"萧条"之象。

进入19世纪后，苏州城市机能的衰微愈发明显。苏州与全国市场的联系，主要依靠运河与长江。道光四年（1824）后清政府议改海运，并于次年设海运总局。此后漕运逐渐废弛，至太平天国战争后基本停止。嘉道之后，地方水道失修，刘河也日益淤塞，这影响到太湖入海的另一重要干道。各种因素影响下，上海的交通优势逐渐凸显，而苏州地区的商业活力则大受冲击。如吴县、长洲县合治的枫桥市，康熙时为粮食贸易中心，"吴阊至枫桥，列市二十里"。[29]但自从运河的交通干道作用丧失后，运粮船只便沿江直下上海。清末的苏州枫桥几乎成为一个寒村。这样的情况也同样发生在府城，没有了巨商富贾、行户商旅，苏州市面生机顿失。光绪七年（1881），江苏巡抚吴元炳在《苏州府志》序文中写道：

胥门郭外，曩时列肆如栉，货物填溢，楼阁相望，商贾辐辏，故老犹能道之。今则轮船迅驶，北自京畿，南达海徼者，又不在苏而在沪矣。固时势为之，有不得不然者乎。其市货云集之所，绮谷文绣、珠玉玩好，星罗棋布，驵侩耽耽，或终日不得一售。所鬻益少，所得益无赢焉，阛阓空虚而户鲜盖藏，既庶且富，将何道之从与？[30]

苏州制造的另一大局限，是缺乏技术性革命。乾隆皇帝欣赏苏州工匠的手艺，也喜爱西洋制品，尤其是西方贡物中的纺织品与钟表。18世纪时，英国在纺织机器上的技术革新极大推动了纺织工业进步，丝绸、天鹅绒与锦缎的质量上乘，设计精美。尽管乾隆皇帝希望苏州工匠能进行仿制，但当仿制失败时，他却并不深究原理，只是简单地弃用土货、选择洋货。钟表制造亦是如此。无锡人钱泳（1759—1844）即言："自鸣钟表皆出于西洋，本朝康熙间始进中国，今士大夫家皆用之……近广州、江宁、苏州工匠亦能造，然较西法究隔一层。"[31]此外，乾隆皇帝对西洋金线、西洋珐琅、西洋锦缎、西洋花毯、西洋绒布和哔叽布的喜爱,都未能真正推动国内工业技术的革新。一些传统工艺水平,甚至在乾隆朝有所下降。[32]鸦片战争之后,质优价廉的洋货在市场上挤占国货销路,亦为必然。

然而在18世纪,北京与苏州这一北一南两大都会,仍在政治与经济上出色发挥着各自的功能。乾隆五十七年(1792)十月,廓尔喀投诚,进表纳贡。[33]八十二岁的乾隆皇帝欣然创作《御制十全记》一篇,并令人翻写为汉、藏、蒙、满四种文字,向世人炫耀其"十全武功"。就在此时,英王乔治三世派遣的马戛尔尼使团(The Macartney Embassy)也已从朴次茅斯港起航。次年,马戛尔尼一行到达中国,并于八月十日在避暑山庄万树园觐见乾隆帝。众所周知,此次英使访华以失败告终。半个世纪后,英国人将以另一种方式叩开中国的大门。

表面上看,廓尔喀称贡与马戛尔尼使团访华之间并无联系,但这两个事件却折射出18世纪后期大清王朝的双面形象。一方面,整个国家还笼罩在盛世氛围中,疆域广大、人口众多、社会安定、兵力强盛。作为大清帝国的统治者,乾隆皇帝在文治和武功方面都达到空前高峰,给后人留下诸多遗产。而另一方面,当西欧已经迎来工业革命之时,中国社会仍在传统轨道上按部就班地运行,对外部危机认识不足,对内部矛盾束手无策。踌躇满志的乾隆皇帝无法预见,他所开创的盛世将以何种方式结束。

注释：

〔1〕 张英霖：《历史画卷〈姑苏繁华图〉》，苏州市城建档案馆、辽宁省博物馆编：《姑苏繁华图》，北京：文物出版社，1999年，第7页。

〔2〕 《韵鹤轩杂著·戏馆赋》，转引自谢国桢：《明清笔记谈丛》，上海：上海书店出版社，2004年，第92页。

〔3〕 吴承明：《中国的现代化：市场与社会》，北京：生活·读书·新知三联书店，2001年，第244—245页。

〔4〕 [德]贡德·弗兰克：《白银资本：重视经济全球化中的东方》，刘北成译，成都：四川人民出版社，2017年，第143—150页。

〔5〕 王卫平：《明清时期江南城市史研究：以苏州为中心》，北京：人民出版社，1999年，第62页。

〔6〕 乾隆《元和县志》卷十《风俗》，《江苏历代方志全书·苏州府部》，南京：凤凰出版社，2017年，第50册，第92—93页。

〔7〕 嘉靖《吴县志》卷十四《土产物货谷菽蔬果上·物货》，《中国地方志集成·善本方志辑》，南京：凤凰出版社，2014年，第1辑，第368页。

〔8〕 （明）朱国桢：《皇明大事记》卷四十四《矿税》，《四库禁毁书丛刊》史部第29册，北京：北京出版社，1997年，第118页。

〔9〕 （清）顾公燮：《丹午笔记》，南京：江苏古籍出版社，1999年，第104页。

〔10〕 崇祯《吴县志》卷十《风俗》，《中国地方志集成·善本方志辑》第1辑，第609页

〔11〕 （西晋）陆机：《吴趋行》，《陆机集校笺》卷六，上海：上海古籍出版社，2016年，第385页。

〔12〕 （清）孙嘉淦：《南游记（外三种）》卷一，上海：上海古籍出版社，2016年，第16页。

〔13〕 康熙《长洲县志》卷八《市镇》，《江苏历代方志全书·苏州府部》，第48册，第406页。

〔14〕 （清）冯云鹏：《拟吴趋行酬冷芸药》，《扫红亭吟稿》卷九，《续修〈四库全书〉》，上海：上海古籍出版社，2002年，第1491册，第343页。

〔15〕 范金民：《清代苏州城市工商繁荣的写照——〈姑苏繁华图〉》，《史林》，2003年第5期。

〔16〕 李伯重：《工业发展与城市变化：明中叶至清中叶的苏州（上）》，《清史研究》，2001年第3期，第14页。

〔17〕 樊树志：《明清江南市镇探微》，上海：复旦大学出版社，1990年，第66—67页、第87—88页。

〔18〕（明）周忱：《与行在户部诸公书》，《双崖文集》卷三《书》，《四库未收书辑刊》第6辑第30册，北京：北京出版社，1998年，第323页。

〔19〕范金民：《"苏样""苏意"：明清苏州领潮流》，《南京大学学报》，2013年第4期，第123—124页。

〔20〕道光《綦江县志》卷九《风俗》，《中国地方志集成·重庆府县志辑》，南京：凤凰出版社，2017年，第5辑，第526页。

〔21〕（清）孙珮：《苏州织造局志》卷一《沿革》、卷三《官署》，上海：上海古籍出版社，2015年，第499—500页、第506—507页。

〔22〕（清）孙珮：《苏州织造局志》卷六《口粮》，第521——522页；卷五《工料》，第519—520页。

〔23〕同治《苏州府志》卷七十二《名宦五（历代县令僚属）》，《江苏历代方志全书·苏州府部》第24册，第156页。

〔24〕赖惠敏：《寡人好货：乾隆帝与姑苏繁华》，《"中央研究院"近代史研究史集刊》，第50期（2005），第199页。

〔25〕赖惠敏：《寡人好货：乾隆帝与姑苏繁华》，第200—201页。

〔26〕（清）赵翼：《檐曝杂记》，北京：中华书局，1982年，第11页。

〔27〕乾隆《吴县志》卷八《市镇》，《中国地方志集成·善本方志辑》，第1辑，第72页。

〔28〕乾隆《长洲县志》卷十一《风俗》，《中国地方志集成·江苏府县志辑》，南京：凤凰出版社，2008年，第98页。

〔29〕康熙《松江府志》卷五十四《遗事》，《上海府县旧志丛书》，上海：上海古籍出版社，2014年，第992页。

〔30〕同治《苏州府志》，《江苏历代方志全书·苏州府部》，第20册，第404页。

〔31〕（清）钱泳：《履园丛话》卷十二《铜匠》，上海：上海古籍出版社，2012年，第216页。

〔32〕赖惠敏：《寡人好货：乾隆帝与姑苏繁华》，第207—209页。

〔33〕廓尔喀（Gurkha）本为尼泊尔部落，后统一尼泊尔全境，乾隆五十三年（1788）、五十六年（1791）两次入侵西藏。清军于康熙五十七年（1718）五月打入廓尔喀境内，七月进逼加德满都，廓尔喀战败求和。

故宫里的江南

下编

前言

雍正十三年九月初三日（1735年10月18日），二十五岁的爱新觉罗·弘历在紫禁城太和殿正式登基，成为清朝第六位皇帝，也是清朝入关后第四位皇帝。由于即位后改年号为"乾隆"，寓意"天道昌隆"，因此他也被称作乾隆皇帝。

弘历出生于康熙五十年八月十三日（1711年9月25日），自小深得祖父康熙皇帝的喜爱和父亲雍正皇帝的信任，雍正元年（1723）被雍正皇帝秘密立为储君。雍正十三年九月初三日即皇帝位，乾隆六十年（1795）退位后又当了三年零三天的太上皇，实际统治国家长达六十三年又四月，是中国历史上执政时间最长的皇帝。嘉庆四年正月初三日（1799年2月7日）驾崩，以八十九岁的享龄成为中国历史上最长寿的皇帝之一。

乾隆皇帝在位期间，社会安定，经济繁荣，全国人口已达三亿，约占当时世界人口的三分之一。他倡导文治，主持编纂《四库全书》，为后世留下珍贵遗产；还鼓励骑射，通过"十全武功"巩固边疆，让清王朝版图达到最大。

故宫博物院是以明清皇室旧藏文物为基础的中国古代文化艺术品的收藏、研究和展示机构，其中乾隆时期精美的宫廷文物收藏颇丰，精湛的清宫文物展示了一个繁荣昌盛的时代，也真实地还原了一位文韬武略的帝王。

第一单元

密诏传位　君临天下

　　清朝康熙末年，诸皇子为争夺皇位继承权，结党营私，相互攻讦，导致朝廷吏治败坏，国家机器无法正常运转，人民生活困顿不堪，康熙皇帝亦为此"身心忧悴"。皇四子雍亲王爱新觉罗·胤禛即位后，吸取这一惨痛教训，在即位之初便创立了秘密建储制度，亲笔书写两份传位诏书，一份藏于紫禁城乾清宫内"正大光明"匾后，一份随身携带。

　　雍正十三年八月二十三日（1735 年 10 月 8 日），雍正皇帝在圆明园驾崩，享年五十八岁。当日，庄亲王允禄等王公大臣们便将两份传位密诏启封核对，相互吻合："宝亲王皇四子弘历，秉性仁慈，居心孝友。圣祖皇考于诸孙之中，最为钟爱，抚养宫中，恩逾常格……今既遭大事，着继朕登极，即皇帝位。"当即宣布由皇四子宝亲王弘历继承大统，成为清代第一个以秘密建储、密诏传位方式登上帝位的皇帝。与康熙末年诸皇子争位的惨烈相比，乾隆皇帝即位可谓是风平浪静，水到渠成。

乾隆皇帝朝服像轴

绢本设色
清乾隆（1736—1795）
外：纵 381 厘米，横 198 厘米
画心：纵 253 厘米，横 150 厘米
故宫博物院藏

● 此画所绘为乾隆皇帝（1711—1799）老年肖像，头戴冬暖帽，身着朝袍，端坐龙椅之上，相貌、服饰等均如实摹写，是典型的清代帝王朝服像。画面上方钤"八徵耄念之宝""五福五代堂古稀天子宝""信天主人"和"太上皇帝之宝"四方阳文玺。据《活计档》记载，乾隆时期朝服像轴地杆两端的一对玉轴头，通常由苏州织造制作。[1]（文金祥）

[1]"（乾隆三十八年行文）十一月十八日接得郎中李文照押帖，内开十一月初六日太监胡世杰交御容挂轴十二轴。传旨：着交启祥宫照挂轴上轴头做一木样，交苏州织造舒文处照木样做玉轴头十二对，其玉用新交出去盘碗大瓶上回残成做。钦此。于三十九年十一月初五日员外郎四德将苏州送到青玉轴头十二对，并随轴头木样一件，持进交太监胡世杰呈览。奉旨：着交启祥宫。钦此。"
引自中国第一历史档案馆、香港中文大学文物馆合编：《清宫内务府造办处档案总汇》第36册，北京：人民出版社，2005年，第714页。

孝仪纯皇后朝服像轴

绢本设色
清乾隆（1736—1795）
外：纵 273 厘米，横 132 厘米
画心：纵 246 厘米，横 116 厘米
故宫博物院藏

- 孝仪纯皇后魏佳氏（1727—1775），内管领清泰之女，乾隆皇帝的第三位皇后，嘉庆皇帝的生母。乾隆十年（1745）入宫，陆续受封为令贵人、令嫔、令妃、令贵妃、令皇贵妃。乾隆四十年（1775）卒，年四十九岁，谥为令懿皇贵妃，随着其在乾隆二十五年（1760）所生皇十五子颙琰在乾隆六十年（1795）被封立为皇太子，而被追封为孝仪纯皇后。

- 此幅肖像画强调写真，细腻地描绘了孝仪纯皇后面部特色与神情。繁复的朝袍与配套的凤冠、首饰等，与精雕细刻的凤椅、毛绒质感的凤纹地坪，连同鲜明亮丽的色彩，皆传递出了皇后至高等级的尊贵与华丽，体现了清代帝后朝服像的规范典制。（许彤）

乾隆皇帝生平	
姓名	爱新觉罗·弘历
父亲	清世宗雍正皇帝爱新觉罗·胤禛
生母	孝圣宪皇后钮祜禄氏
出生日期	康熙五十年八月十三日（1711 年 9 月 25 日）
登基日期	雍正十三年九月初三日（1735 年 10 月 18 日）
皇后	孝贤纯皇后富察氏（1712—1748） 皇后乌喇那拉氏（1718—1766，1765 年被废） 孝仪纯皇后魏佳氏（1727—1775，1795 年追封）
皇储	端慧皇太子永琏（1730—1738） 悼敏皇子永琮（1746—1747）
永琰（1760—1820，即嘉庆帝颙琰）	
退位日期	嘉庆元年正月初一日（1796 年 2 月 9 日）
逝世日期	嘉庆四年正月初三日（1799 年 2 月 7 日）
年号	乾隆
谥号	法天隆运至诚先觉体元立极敷文奋武钦明孝慈神圣纯皇帝
庙号	清高宗
陵号	裕陵（今河北遵化清东陵）

明黄色缂丝彩云金龙纹男夹朝袍

清乾隆（1736—1795）
身长 148.5 厘米，两袖通长 205 厘米
袖口宽 18.5 厘米，下摆宽 157 厘米
故宫博物院藏

● 朝袍为清代皇帝的礼服之一。其式为：圆领、大襟右衽、马蹄袖、上衣下裳式，腰帷部饰襞积，缀铜镀金錾花扣五枚，附披肩，缀铜镀金錾花扣一枚，裾左开。袍缘饰缠枝花卉纹描金缎。此袍采取二至三色间晕的装饰方法，结合多样技法，在明黄色地上缂织彩云金龙纹、十二章、海水江崖等图案。乾隆时期苏州织造曾多次按照乾隆皇帝的旨意制作缂丝朝袍或龙袍送入宫中，如乾隆十一年（1746）二月二十八日苏州织造安宁、图拉进贡"鹅黄地金黄万字锦上添花缂丝朝衣一件"。[1] 又如乾隆二十八年（1763）七月二十四日"苏州织造萨载本人来京"，"跪进缂丝黄地五彩虞书十二章龙袍成袭，随领袖二副"。[2]（杨紫彤）

[1]"（乾隆十一年二月苏州）二十八日据苏州织造安宁、图拉来文，内称十年三月内安宁在京奉太监胡世杰传旨交办鹅黄地金黄万字锦上添花缂丝朝衣一件，并发出棉朝衣一件，着照此样尺寸缂做。随交养心殿催总五十八照依尺寸画下纸样，将虞书十二章分位排定恭呈御览。奉旨：照样缂做。钦此。于本月二十九日司库白世秀将苏州织造安宁、图拉送到鹅黄地金黄万字锦上添花缂丝朝衣一件、石青地扇肩一件、袖口一双，持进交太监高玉、胡世杰呈览。奉旨：留下。钦此。" 引自中国第一历史档案馆、香港中文大学文物馆合编：《清宫内务府造办处档案总汇》第14册，北京：人民出版社，2005年，第343页。

[2] 中国第一历史档案馆、北京铁源陶瓷研究院：《清宫瓷器档案全集·卷七》，北京：中国画报出版社，2008年，第295页。

明黄色缎绣彩云金龙纹女夹朝袍

清雍正(1723—1735)
身长139厘米,两袖通长184厘米
袖口宽20厘米,下摆宽130厘米
披肩长85,宽33厘米
故宫博物院藏

● 朝袍为清代皇后礼服之一,套穿于朝裙之外,与朝褂共同构成皇后礼服,主要用于元旦、万寿、冬至等重大典礼及先蚕坛飨祀仪等场合。其式为:圆领、大襟右衽,马蹄袖,肩部饰缘,前后开裾,直身式袍,附披肩,上有背云。内饰月白色暗花绫里,缀铜镀金錾花扣五枚。清代帝后朝袍样式的主要区别在于,皇帝朝袍为上衣下裳连属式,皇后朝袍为直身式,且在两肩各有一道形似马鞍的护肩缘。(王鹤北)

青玉交龙纽"古稀天子之宝"

清乾隆（1736—1795）
边长 12.9 厘米，通高 10.8 厘米，纽高 5.2 厘米
故宫博物院藏

● 青玉质，交龙纽，印文为阳文篆字，印四周阴刻填金乾隆皇帝御制《古稀说》，落款"乾隆岁次庚子孟冬上瀚，御笔"，钤刻"比德""朗润"二印。此玺与"八徵耄念之宝"玺的形制、尺寸都如出一辙，共同盛于一个"双连雕龙紫檀匣"中。据《活计档》记载，两方宝玺系乾隆五十五年（1790）由内务府发往苏州，以一个月的时间完成刻字送至宫中。承装两方宝玺的紫檀匣则是在京由造办处制作，匣外壁阴刻填金的两篇御制文《古稀说》和《八徵耄念之宝记》交由懋勤殿完成。[1]（魏晨）

[1]（乾隆五十五年八月行文）十五日郎中五德、员外郎大达色、催长舒兴来说，太监厄鲁里交：青玉宝一方，上贴八徵耄念之宝记本文，青玉宝一方，上贴古稀天子之宝本文，墙子上贴八徵耄念之宝记本文；青玉宝一方，上贴古稀说本文，墙子上贴古稀天子之宝本文。传旨：发交苏州，照本文加深刻字，着造办处照从前做过双连留诗堂雕龙紫檀匣一样配匣盛装。钦此。于九月二十一日将苏州送到刻字玉宝二方，用造办处做双连宝匣盛装呈览。奉旨：交懋勤殿刻诗。钦此。"引自中国第一历史档案馆、香港中文大学文物馆合编：《清宫内务府造办处档案总汇》第52册，北京：人民出版社，2005年，第55页。

青玉交龙纽"八徵耄念之宝"

清乾隆（1736—1795）
边长 13 厘米，通高 11 厘米，纽高 5.4 厘米
故宫博物院藏

- 青玉质，交龙纽，印文为阳文篆字，印四周阴刻填金乾隆皇帝御制《八徵耄念之宝记》，落款"乾隆庚戌新正上澣，御笔"，钤刻"比德""朗润"二印。（魏晨）

青玉交龙纽"五福五代堂古稀天子宝"

清乾隆（1736—1795）
边长 8.2 厘米，通高 6.1 厘米，纽高 3.4 厘米
故宫博物院藏

● 青玉交龙纽方形玺，阳文篆字。"五福"出自《尚书·洪范篇》中"向用五福"，即"寿、富、康宁、攸好德、考终命"。乾隆皇帝在七十四岁时已是五代同堂，至乾隆五十二年（1787）七十七岁时，在紫禁城景福宫内增书"五福五代堂"之匾额。根据《活计档》的记载，乾隆五十五年（1790）四月，此宝交由苏州织造徵瑞，"照本文加深刻做"，同年八月刻字完成送回宫中，交懋勤殿收贮。[1]（魏晨）

[1]"（乾隆五十五年四月行文）十八日郎中五德、库掌福海来说，太监鄂鲁里交：青白玉宝一方，长芦送到，上贴五福五代堂古稀天子宝本文；白玉宝一方，董椿进上贴八微耄念之宝；紫檀托座二件，匣一件。传旨：发交苏州织造徵瑞照本文加深刻做。钦此。于八月二十六日苏州送到青白玉宝一方、白玉宝一方呈进，青白玉宝交懋勤殿，白玉宝交乾清宫讫。"
引自中国第一历史档案馆、香港中文大学文物馆合编：《清宫内务府造办处档案总汇》第52册，北京：人民出版社，2005年，第46页。

碧玉交龙纽"太上皇帝之宝"

清乾隆（1736—1795）
边长10.1厘米，通高9.8厘米
故宫博物院藏

● 青玉交龙纽方形玺，汉文篆书。纽上交龙两角发向后平伸，脊背作串珠状，方嘴露齿，两侧各四足五爪。乾隆六十年（1795）九月，乾隆皇帝在圆明园勤政殿宣谕建储，命于次年改元嘉庆，皇十五子为嗣皇帝，自己为太上皇。但乾隆皇帝退位后仍旧训政，其谕旨称"敕旨"，并镌"太上皇帝之宝"数方，于日常使用。直至乾隆六十四年（1799）去世，享年八十九岁，为中国历代帝王寿命及主持政务时长之最。（魏晨）

世宗宪皇帝圣灵之宝位

清乾隆（1736—1795）
底宽 17.8 厘米，高 34.2 厘米
故宫博物院藏

● 世宗宪皇帝即雍正帝爱新觉罗·胤禛（1678—1735）。牌位木制，牌身以篆体汉文刻写"世宗宪皇帝圣灵之宝位"，四周环饰回纹。底座呈方形，四周浮雕三条龙盘旋于云间，一条龙稍大，居底座前面正中，两侧各附一龙，稍小，龙尾环绕至底座后面，底座后面正中饰江崖纹。原陈设于寿皇殿。（鲍楠）

乾隆款铜牺尊

清乾隆（1736—1795）
宽17.8厘米，通高34.2厘米
故宫博物院藏

● 尊是商周时代的盛酒器，后用于古代宗庙祭祀。牺是古代宗庙祭祀用的纯色牲，牲就是牛。牺尊乃"刻为牺牛之形，用以为尊"的酒器。此尊铜质，形如牛，背驮葫芦形宝瓶，盖可打开，内镌有篆体"大清乾隆年制"款识。此尊原陈设于太庙，每年孟春祭祀时用于给祖先魂灵盛酒。（鲍楠）

乾隆款铜象尊

清乾隆（1736—1795）
尊径 11.2 厘米，通高 36.8 厘米
故宫博物院藏

● 此尊铜质，形如象，背驮一宝瓶，瓶盖内镌有篆体"大清乾隆年制"款识，属"六尊"之一。《周礼》"六尊"包括：牺尊、象尊、著尊、壶尊、太尊、山尊。清代仍遵从周礼。该尊原陈设于太庙，每年孟夏祭祀时用于给祖先魂灵盛酒。（鲍楠）

乾隆款铜镀金铏

清乾隆（1736—1795）
口径 16.3 厘米，通高 26.3 厘米
故宫博物院藏

- 该器为铜镀金材质，沿承古代青铜礼器造型。椭圆体形，盖上置三峰，饰以云纹。腹部两侧对称置龙耳一对。盖面与器身饰藻纹、回纹、云纹、龟背纹、万字纹等。盖内顶和铏外底均阴刻篆体"大清乾隆年制"六字三行款。

- 铏是古代盛羹的器皿，后被用于祭祀，用于盛放和羹（指配以各种调味品做成的肉汤）。《周礼·亨人》载："祭祀，共铏羹。"注曰："谓羹加五味，盛以铏器也。"清代祭器可根据不同材质、颜色区别其在祭祀中的不同功用和使用场合。此尊原陈设于奉先殿，用于祭祀皇室祖先。（鲍楠）

乾隆款霁蓝釉凸花纹簋

清乾隆（1736—1795）
通高 19.5 厘米，口长 19.5 厘米，口宽 14.8 厘米
故宫博物院藏

● 簋是商周时期贵族宴飨时常用的盛放黍、稷的青铜器皿，属祭祀礼器。秦汉沿用，并成定制。清代祭祀承周制，据光绪朝《钦定大清会典图》载，簋有陶（瓷）、铜、木质三种。该簋为瓷质，霁蓝釉。簋底和盖内正中均有篆书体"大清乾隆年制"款识。蓝釉瓷簋，用于天坛正位、配位、从位及祈谷正位，内盛稻、粱、黍、稷。（鲍楠）

乾隆款木金漆簠

清乾隆（1736—1795）
通高 24.2 厘米，口长 25.7 厘米，口宽 20.8 厘米
故宫博物院藏

● 簠出现于西周早期，是中国古代祭祀和宴飨时盛放粱、稻的器具。《周礼·舍人》记载："凡祭祀共簠簋。"祭祀时，簠簋总是同时出现。该器木质，外髹金漆，仿古代青铜器造型，制方，腹壁斜收。盖内髹红漆，绘金字"大清光绪年制"楷书款识，此款下隐约可见"乾隆年制"篆书款，可知此簠原是乾隆时期制作，光绪朝时重新髹红漆覆盖了原款识。据光绪朝《钦定大清会典图》记载，清代太庙、奉先殿的祭祀活动需用木金漆簠。（鲍楠）

乾隆款黄地五彩蟠龙纹瓷登

清乾隆（1736—1795）
口径 16.2 厘米，通高 26.8 厘米
故宫博物院藏

● 登原是青铜时期贵族宴飨时盛放食物的青铜器皿，也用于祭祀。其外形与豆相似，"豆有圈足者为登"。清代祭祀遵承周制，乾隆十三年（1748）钦定祭器，在太庙正殿和后殿、奉先殿用黄色瓷登。据光绪朝《钦定大清会典图》记载，登有瓷、铜质二种，器形相同，纹饰有所不同；黄地五彩蟠龙纹瓷登为皇室御用。此登瓷质，内施白釉，外通体黄地，饰五彩蟠龙纹，登身和盖共饰九条龙。登足底部和盖内正中均镌有篆体"大清乾隆年制"款识。（鲍楠）

宝座间

宝座是皇权的象征。在太和殿、养心殿、乾清宫等宫殿中,均设有宝座间。其陈设品种多少不一。此宝座间为皇帝临时召见臣工之用,有宝座一个、围屏一面、宫扇一对、剔红香薰一对、剔红香几一对、角端式香薰一对、亭式香筒一对。

剔红嵌玉荷花宝座

清乾隆（1736—1795）
长 127 厘米，宽 91 厘米，高 115 厘米
故宫博物院藏

● 宝座三屏式靠背扶手，以剔红手法装饰。靠背上装雕云龙牙子，边框雕缠枝莲纹，心板在香色漆地上用百宝嵌手法做出莲花雀鸟，扶手装饰与靠背略同。座面线刻云龙纹，侧缘雕缠枝莲纹。雕莲瓣束腰，其下直牙板中垂如意头，沿边起线，满雕云龙纹。四腿壮硕，向内收卷，足端下接方形托泥。配套的脚踏为四面平式结构，直牙条中垂如意头，沿边起阳线。（黄剑）

剔红嵌玉荷花围屏

清乾隆（1736—1795）
长 314 厘米，高 271 厘米
故宫博物院藏

● 三扇座屏，"山"字形布局，中扇宽且高，边座皆以剔红手法装饰。屏帽做出如意头边框，内雕云龙纹。屏扇边框起双阳线，线间雕缠枝莲纹。屏心在香色漆地上，用百宝嵌手法装饰莲花鸟雀。边扇两侧以雕云龙站牙抵夹，下接三段式"八"字形雕莲瓣须弥座。（黄剑）

剔红座宫扇

清乾隆（1736—1795）
高 312 厘米
故宫博物院藏

● 宫扇由扇面、扇杆和底座三部分构成。扇面合牌胎，其上彩绘羽饰，镀金兽面云纹铜吞口，其上镶嵌青玉鱼磬。扇杆髹红漆。高束腰剔红底座上，以圆雕手法做出象驮宝瓶，寓意太平有象，象背上的鞍辔、璎珞皆细加刻画。（黄剑）

剔红香薰

清乾隆（1736—1795）
长 39 厘米，宽 24 厘米，高 120 厘米
故宫博物院藏

● 此香薰以圆雕手法做出狮子滚绣球造型，毛发、动作、神态皆刻画生动，背部为一活盖，盖下为镀金铜里内膛，其中可续入香料。此薰将实用性与观赏性融为一体，独具匠心。（黄剑）

剔红香几

清乾隆（1736—1795）
直径45厘米，高90厘米
故宫博物院藏

● 剔红香几，两件成对。几面梅花式，面侧缘起双阳线雕缠枝莲纹，边缘垂下镂空如意头花牙一周。面下锦地高束腰上嵌铜绳纹玉璧为饰，牙板膨出，满雕西番莲纹，五出如意头。五腿方材，沿边起阳线，线间雕西番莲纹，下段内收。足端内卷，下接窄束腰梅花式底座。

● 上述围屏、宝座、宫扇、香薰和香几，共同组成一套完整的清宫宝座间陈设。据档案记载可知，这套陈设原置于符望阁。（赵赢赢）

青玉角端式香薰

清乾隆（1736—1795）
通高 33.8 厘米，宽 18.6 厘米
故宫博物院藏

● 该对角端青玉质，呈昂首仰视状，头顶为一小角。颈处佩一周饰物，腹部以横节刻画，四足短而粗壮。配有铜镀金底座，底座上作如意、花卉纹、云纹、回纹等纹饰。角端头身可分离，均中空，身内可贮藏香料，焚香时，香气可由口中散发而出。角端乃古代传说之瑞兽，能日行千里，明辨是非，通晓四夷之语。角端现时，可表明主在位。（杨立为）

铜镀金顶座青玉透雕云龙纹亭式香筒

清乾隆（1736—1795）
高 76.4 厘米，直径 13 厘米
故宫博物院藏

- 整器分为上中下三部分，中部为青玉质香筒，上下各有铜镀金亭式顶和须弥式台座。青玉香筒身高浮雕、镂雕云龙纹。亭式顶为重檐六角形，脊端出龙首，口衔风铃。亭顶攒尖处有一瓜棱形白玉顶珠，上下有仰覆莲瓣及葫芦形顶。须弥式台座雕琢栏杆、几何云纹、斗栱、螭龙、仰覆莲瓣等。使用时在筒内盛放香料，香气从镂空的筒壁中溢出，从而焚香净气。

- 亭式香筒常常是清代宫廷大殿内的固定陈设之一，亭子寓意安定，将其置于殿内宝座之前，有寄予天下大治、安定稳固之意。此对香筒原陈设于紫禁城寿康宫。据《活计档》记载，乾隆时期苏州织造曾多次负责宫廷所需玉角端和玉香筒的制作。[1]（徐琳）

[1] "（乾隆五十四年十二月行文）二十七日员外郎大达色、库掌福海、催长舒兴来说，太监鄂鲁里交青玉云龙香筒一对，系原任苏州织造四德交贡。传旨：将香筒照新配得铜镀金顶座香筒一样配铜镀金顶座，再挑玉配做角端一对。钦此。于五十五年正月初八日将挑得广储司收贮玉子一块，重一百二十五斤，料估做角端玉子一块，画得粉道呈览。奉旨：暂收，俟角端照样成做。钦此。于五十五年四月二十八日将配得铜镀金顶座玉香筒一对呈览。奉旨：准发往苏州配得香几并玉香筒一对呈进，交宁寿宫讫。于五十五年七月三十日苏州送到玉角端一对配得香几并玉香筒一对呈进，交宁寿宫讫。"引自中国第一历史档案馆、香港中文大学文物馆合编：《清宫内务府造办处档案总汇》第51册，北京：人民出版社，2005年，第268页。

乾隆款铜镀金甬纽桥口镈钟——应钟

清乾隆二十六年（1761）
通高 49.4 厘米，横径 4.8 厘米，于径 27 厘米，于横径 22.2 厘米
故宫博物院藏

- 此镈钟为甬钟形制，因钟上有长甬而得名。钟体呈合瓦形结构，通体镀金。正面铸有乾隆皇帝御制镈钟铭：

> 自古在昔，功成作乐。辨物涓吉，铸此钟镈。
> 皇祖正音，中和大备。讵独是遵，或存深意。
> 绩底西旅，瑞出西江。考制象器，协和万邦。
> 一虡特悬，用起律首。编钟继奏，箫韶成九。
> 宽横枽舞，必考必精。慎遵前宪，敢或损增。
> 宣阳导阴，立均出度。万事本根，百王矩矱。
> 蘩余小子，蒙业重熙。赖天眷定，惟日际时。
> 范器识年，悉新已盛。铭无溢辞，惕乾懋敬。

- 背面镌律名及制作日期"镈钟第十二应钟大清乾隆二十有六年，岁在辛巳，冬十一月乙未朔，越六日庚子，铸成"。
- 乾隆二十四年（1759），江西临江府出土古钟十一枚，此时恰逢平定准噶尔部叛乱取得重大胜利，乾隆皇帝遂效仿古代"功成作乐"的传统，于乾隆二十六年仿先秦古钟形制铸造此钟。乾隆二十六年所制镈钟每套十二枚，每枚随月份单独悬挂使用，以对应一年十二个月。其中，应钟律镈钟为十月所用。（孙召华）

乾隆款青玉描金云龙纹特磬——应钟

清乾隆二十六年（1761）
股长 24.4 厘米，博 18.2 厘米
鼓长 36.1 厘米，博 12.2 厘米
厚 4.4 厘米
故宫博物院藏

- 特磬由新疆和田玉琢成，钝角矩形。两面绘云龙纹。正面镌乾隆皇帝御制铭文：

> 子舆有言，金声玉振。一虞无双，九成递进。
> 准今酌古，既制镈钟。磬不可阙，条理始终。
> 和阗我疆，玉山是蠢。依度采取，以命磬叔。
> 审音协律，咸备中和。泗滨同捊，其质则过。
> 图经所传，浮岳泾水。谁诚见之，鸣球允此。
> 法天则地，股二鼓三。依我绎如，兽舞鸾鬖。
> 考乐维时，乾禧祖德。翼翼绳承，抚是万国。
> 益凛保泰，敢或伐功。敬识岁吉，辛巳乾隆。
> 乾隆御制。

- 背面镌律名及制作日期"大清乾隆二十有六年，岁在辛巳，冬十一月乙未朔，越九日癸卯，琢成"。
- 特磬依十二律琢成，十二枚一套，此为第十二枚"应钟"，十月用之。特磬以磬体大小调节音高，愈大发音愈低，每枚单独悬挂和使用。乾隆二十四年（1759）江西出土古钟十一枚，此时恰逢西师奏凯，大小和卓回疆叛乱平定，乾隆皇帝仿效"功成作乐"的传统，于乾隆二十六年仿铸镈钟，并添配特磬。据《活计档》记载，乾隆时期的玉质特磬基本上都是由苏州织造负责制作。[1]（孙召华）

[1]
此类档案记载较多，略举几例：
「（乾隆二十七年行文）十月二十六日为乐部来文成造玉石特磬三十三件，交苏州织造成做，缮折，交总管王常贵转奏。奉旨：玉石特磬三十三件准交苏州织造萨载带往精细成造。钦此。」
引自中国第一历史档案馆、香港中文大学文物馆合编：《清宫内务府造办处档案总汇》第27册，北京：人民出版社，2005年，第348页。
「（乾隆二十九年十二月记事录）十九日催长四德、笔帖式五德将苏州送到青玉特磬四件持进，交太监胡世杰呈览。奉旨：着交乐部。钦此。」
引自中国第一历史档案馆、香港中文大学文物馆合编：《清宫内务府造办处档案总汇》第29册，北京：人民出版社，2005年，第55页。
「（乾隆三十一年十月记事录）二十七日催长四德、笔帖式五德将苏州织造萨载送到青玉编磬一分计十六面，特磬八件持进，交太监胡世杰呈览。奉旨：着交英廉。钦此。」
引自中国第一历史档案馆、香港中文大学文物馆合编：《清宫内务府造办处档案总汇》第29册，北京：人民出版社，2005年，第321页。

仲尼式琴

清乾隆四十四年（1779）
通长101.5厘米，额宽17厘米，肩宽17.5厘米，尾宽13.7厘米
故宫博物院藏

- 此琴为仲尼式，面板为桐木，底板为梓木，桐面梓底合成琴胚后，通体髹黑漆。琴面设蚌徽十三枚，第七徽最大且居中，其余之十二徽对称地排列于七徽之左右。琴上施七弦，弦由琴底之琴轸固定，上经承露、岳山、琴面、龙龈，下绕转系于琴底的雁足之上。琴背设有长方形龙池、凤沼各一，为出音孔，琴轸上饰有黄色琴穗。
- 琴额上刻"乾隆四十四年制款"。此琴为清宫典制用琴，常用于朝会、祭祀、宴飨中和韶乐等。使用时，琴放置于金漆琴桌之上。依据中和韶乐使用的功能和场合不同，琴在其中的配置也有区别，如圜丘祭天祈谷需用十张。（刘国梁）

铜云锣

清（1644—1911）
通高 83.5 厘米，宽 52.5 厘米
故宫博物院藏

● 打击乐器，又名云璈。元代已十分流行。《元史·礼乐志》载："云璈，制以铜，为小锣。"清代云锣由十面小铜锣组成，分三行，以厚薄区分音高。木架髹以朱漆，顶端饰涂金凤首，架下为涂金木柄。铜锣上墨书"合""六""乙"等工尺谱字应为后人所加。附有鼓槌。清代宫廷朝会丹陛大乐、卤簿乐、巡幸乐、祭祀乐、宴飨乐、凯旋乐均用云锣。（孙召华）

红漆彩画云龙纹中和韶乐埙

清（1644—1911）
通高 8.5 厘米，底径 4.5 厘米
故宫博物院藏

● 陶质，中空。上顶为吹孔，按音孔六个，前四后二。表面髹红漆，饰以金箔罩漆工艺的云龙纹。演奏时，双手捧埙，双手拇指分别按后面的两个按音孔，双手中指、食指分别按前面四个按音孔，手指间下垂五彩流苏。明清宫廷中，埙专用于中和韶乐，是"八音"分类法中土之属的乐器。（毛喆）

金镶木柄三象首足三兽耳衔环提炉

清（1644—1911）

炉高 23 厘米，口径 17.2 厘米，杆长 103 厘米

故宫博物院藏

- 提炉金质，圆形。炉下置三象首足，盖钮作凤首形，盖面錾龙、凤穿花纹，并四"囍"字。提炉配有紫檀木柄，木柄一端嵌金錾龙首柄，另一端嵌金錾如意云形柄。炉与木柄之间由金盖及三条金链相连，金链可系于兽耳所衔环上，并与龙首柄相连。提炉与柄上分别刻有"八成金库平重""八成金库平重九斤二两""八成金库平重五十两零八钱"等字样。

- 提炉为皇帝卤簿仪仗中陈设的器物。陈设时以皇帝升座处为中心，与唾壶、水瓶、香盒、盥盆等分左右置于红漆描金托盘和金几之上。（黄英）

铜品级山——正一品

清（1644—1911）
长 40 厘米，宽 18 厘米，高 30 厘米
故宫博物院藏

● 品级山是清代举行登基大典等朝会礼仪盛典时各级文武官吏朝班行礼之位次的标识物，各级文武官吏需按品级分班站立。其以铜铸之，状如山形，中空，底部呈扁圆状，正面各镌满、汉文正一品至从九品的品级位阶。典礼时摆列于太和殿前丹墀内御路两旁，东西各两行，共四行，文左武右。每行自正一品、从一品至正九品、从九品，各十八座，总共七十二座。（刘立勇）

冷鉴、门应兆等合画《皇朝礼器图册——卤簿》

绢本设色
清乾隆（1736—1795）
外：纵 42.5 厘米，横 82 厘米
画心：纵 41.3 厘米，横 40.3 厘米
故宫博物院藏

- 《皇朝礼器图册》为《皇朝礼器图式》印本书籍刊印前的珍贵绘本，由清代宫廷画师冷鉴、门应兆、姜润书、刘埠、苏廷楷、章佩瑜、徐鸣凤、周木、顾铨、贾全等多人合作而成，共计九十二本册页（一千九百七十四开）。《皇朝礼器图式》是清代礼书专著中较重要的一部，被列为礼书中"专书之最著者"之一。该书分六部分：第一为祭器部，第二为仪器部，第三为冠服部，第四为乐器部，第五为卤簿部，第六为武备部。

- 卤簿类似于现代的"仪仗队"，在汉代已经出现。汉应劭《汉官仪》解释："天子出，车驾次第谓之卤，兵卫以甲盾居外为前导，皆谓之簿，故曰卤簿。"本幅款："皇帝大驾卤簿提炉。"根据对开说明描述，提炉的制作是根据《唐书·仪卫志》和《宋史·仪卫志》中的记载，于乾隆十三年（1748）钦定为"大驾卤簿"，明确以黄金为之，是皇帝出行的重要礼仪装备之一。（李天垠）

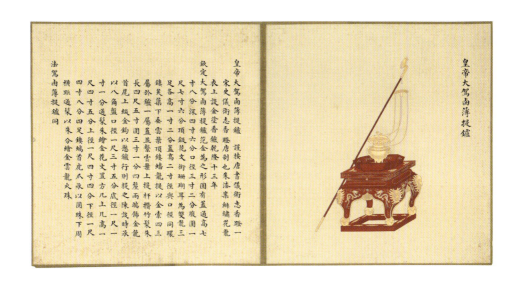

第二单元

稽古崇文　靖边宣武

　　乾隆皇帝即位之后，吸取前朝经验教训，采取宽严相济的治理方针，整顿吏治，平反冤案，重视农桑，兴修水利，多次减免赋税。由于社会安宁，经济得以较快发展，人口迅速增长，至乾隆晚期中国人口已达三亿，创历史新高。

　　乾隆皇帝自幼熟读经史，通晓汉文化，即位后主持大规模的图籍收集和编纂，数量多达百余种，为历代帝王修书之冠。其中，《四库全书》的编纂是对中国古典文化的一次全面总结和整理，使许多逸书得以保存至今，嘉惠后学。他外收天下图籍，内建藏书楼阁，尤以存放《四库全书》的"四库七阁"以及养心殿西暖阁的"三希堂"最为著名。

　　乾隆皇帝不忘马背民族本色，倡导骑射，常年赴木兰秋狝，训练八旗将士，联络蒙古各部。在位期间多次用兵，征抚漠西蒙古，统一新疆回部，平定大小金川，反击廓尔喀侵藏等。其号称的"十全武功"，使统一的多民族国家得到巩固和发展，最终确立清朝全盛时期的版图，即近代中国的疆土。

清朝中央机构简表

机构名称	长官名	员额	职掌
内阁	大学士 协办大学士	满、汉各二人 满、汉各一人	钧国政，赞诏命
军机处	军机大臣	无定员	掌军国大政，赞理机务
吏部	尚书 左、右侍郎	俱满、汉各一人	管理全国文职官员选拔、任免、考核、封勋等
户部	尚书 左、右侍郎	俱满、汉各一人	管理全国疆土、田亩、户口、财谷之政令
礼部	尚书 左、右侍郎	俱满、汉各一人	管理国家祀典、庆典、军礼、丧礼，接待外宾，以及学校、科举之事
兵部	尚书 左、右侍郎	俱满、汉各一人	管理全国军事及武职官员的任免、考核
刑部	尚书 左、右侍郎	俱满、汉各一人	掌管全国刑罚政令，并参加重大案件的审理
工部	尚书 左、右侍郎	俱满、汉各一人	掌管天下造作之政令及处项工程之经费
理藩院	尚书 左、右侍郎	俱各一人	掌理内外藩蒙古、回部及诸番部，制爵禄，定朝会，正刑罚
都察院	左都御史 左副都御史	俱满、汉各二人	监察政治得失，参加重大政事讨论及重大案件会审
太医院	院使 左、右院判	俱满、汉各一人	管理医药卫生事务
翰林院	掌院学士	满、汉各一人	论撰文史，以备顾问
国子监	祭酒	满、汉各一人	掌管国学政令
钦天监	监正 左、右监副	俱满、汉各一人	观测天文气象，编制历书
大理寺	卿 少卿	俱满、汉各一人	平反全国刑名案件，参加重大案件会审
宗人府	宗令 左、右宗正 左、右宗人	俱各一人	管理皇族事务，掌皇族属籍，并纂修玉牒
内务府	总管大臣	无定员	掌宫廷事务

白玉螭纽"事理通达""心平气和""学诗堂"组印

清乾隆（1736—1795）
印面方 2.6 厘米，通高 6.7 厘米
印面方 2.6 厘米，通高 6.7 厘米
印面长 3.2 厘米，宽 2 厘米，通高 6.7 厘米
故宫博物院藏

● 三方玺为一组，均为白玉螭纽，"心平气和"玺为阴文，另二方为阳文。学诗堂位于景阳宫后殿，为乾隆皇帝御题书房额。朱熹在《论语集注》中尝道："学诗则事理通达，而心平气和，故能言。"乾隆帝以此，于三十五年（1770）命人挑选白玉二块，一块重二斤三两，另一重十二两，按照印样制得印章三方。同时，交由苏州织造成做，并叮嘱"其字要做深"。一年后，完成交回宫中，即此组印。[8]（魏晨）

[三]
『乾隆三十五年十一月初九日，太监胡世杰传旨，着启祥宫挑白玉碧玉做图章二分。钦此。于本月十二日挑得二等白玉石子二块，一块重二斤三两，画得引首一方，碧玉图章二方，一块重十二两，画得图章二方，引首一方，做得木样三件，交太监胡世杰呈览，奉旨照样准做。随交下蒙字本文六张，着交苏州织造舒文成做，其字要做深，学诗堂一分，斋一分。钦此。于三十六年十一月二十四日，库掌四德、五德将苏州送到白玉图章二方，引首一方，持进交太监胡世杰呈进讫。于三十六年十二月初七日，库掌四德、五德将苏州送到碧玉图章二方，引首一方，持进交太监胡世杰呈进讫。』引自中国第一历史档案馆、香港中文大学文物馆合编：《清宫内务府造办处档案总汇》第33册，北京：人民出版社，2005年，第649页。

下编

青玉交龙纽"御书房宝"

清乾隆五十八年（1793）
边长 11 厘米、通高 9.6 厘米、纽高 4.6 厘米
故宫博物院藏

● 青玉交龙纽方形玺，阳文篆字，附黄色绶带。御书房位于紫禁城景阳宫后殿，乾隆时期曾作为《石渠宝笈》所录书画的存贮地点之一。此玺作为藏书印，钤盖在《秘殿珠林石渠宝笈初编》每册卷首之上。《活计档》记载，乾隆五十八年（1793）四月，乾隆皇帝下旨将此"御书房宝"交苏州织造五德刻字，九月完成送回宫中。[1]（魏晨）

[1]"（乾隆五十八年四月行文）初三日太监梅进宝来说，总管张进喜交青玉宝一方，上贴「御书房宝」本文。传旨：着交苏州织造五德照本文刻字送来，交御书房。钦此。于本年九月二十九日苏州送到刻字青玉宝一方，随填金匣呈进，交御书房讫。"引自中国第一历史档案馆、香港中文大学文物馆合编：《清宫内务府造办处档案总汇》第53册，北京：人民出版社，2005年，第596页。

下编

檀香木管经天纬地翠毫笔

清乾隆（1736—1795）
通长 25.8 厘米、管长 19.4 厘米、帽长 9.2 厘米、管径 1 厘米、帽径 1.2 厘米、毫长 4.2 厘米
故宫博物院藏

● 檀香木管，笔管上端楷书："经天纬地。"管顶及帽口皆嵌象牙。笔毫为翠毫，细润油亮，其腰部凸隆若兰花蕊，故称兰蕊式。"经天纬地"语出《国语》，"经之以天，纬之以地，经纬不爽，文之象也"，意指清王朝是以天地为法度营造的政权，寓意皇权的强大，具有统领天地的气概。

● 据《活计档》记载，乾隆十二年（1747），乾隆皇帝命浙江巡抚常安照样做"经天纬地"笔十支；乾隆十九年（1754），浙江巡抚雅尔哈善亦有进贡此笔二十五支。[1]（于倩）

[1]"乾隆十二年七月十二日由内交出经天纬地笔一支。奉旨：着常安照此笔样做十支进来。钦此。"引自中国第一历史档案馆，香港中文大学文物馆合编：《清宫内务府造办处档案总汇》第16册，北京：人民出版社，2005年，第515页。
"乾隆十九年六月十四日奉旨：雅尔哈善所进周铜卤一架、福笺一百张、绢笺一百张、万年红二百张、湖笔二百支、小紫颖二百支、提笔二十五支、经天纬地二十五支，着伊差来之人送往京城，交与总管内务府大臣三和查收。钦此。本日交与差来家人五十九领去讫。"引自中国第一历史档案馆，香港中文大学文物馆合编：《清宫内务府造办处档案总汇》第20册，北京：人民出版社，2005年，第653页。

白玉带帽笔管

清（1644—1911）
通长 24.3 厘米、帽径 1.4 厘米、管径 0.9 厘米
故宫博物院藏

● 笔管光素，用上好的和田白玉雕琢而成，口部中空，用以装笔毛。玉质笔管一般对玉料及制作工艺要求都较高，光素者尤其如此，更能体现玉质的温润细腻。（徐琳）

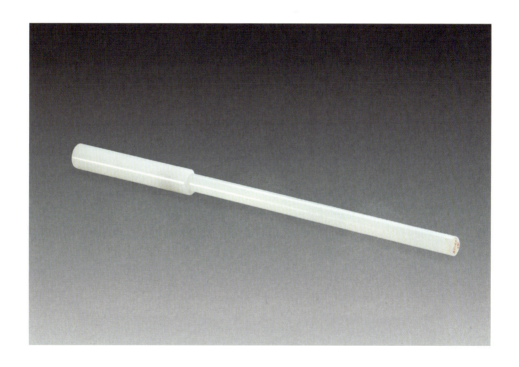

乾隆款青玉三峰笔架

清乾隆（1736—1795）
通高 5.5 厘米、长 10.6 厘米、宽 4.5 厘米
故宫博物院藏

● 笔架亦名笔床、笔格、笔山，是古代书案上一种架笔的文房用具。这座笔架青玉质，琢三个圆锥形山峰，相连而成笔架，山凹处架笔。通体光素。笔架底部阴刻"乾隆年制"篆书双行四字款。附紫檀木座，座底刻"丙"字。（黄英）

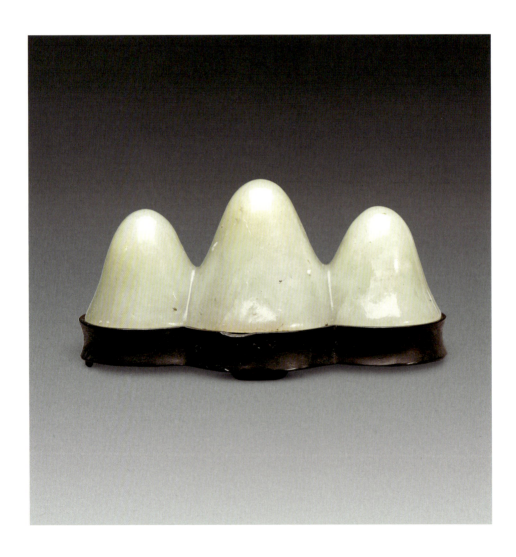

乾隆款碧玉"西园雅集图"笔筒

清乾隆（1736—1795）
高15.6厘米、口径11.9厘米
故宫博物院藏

● 笔筒碧玉质，有墨色黑点。器呈圆筒形，外壁采用剔地浮雕的手法通景雕刻西园雅集主题图案。画面取自北宋画家李公麟绘制的《西园雅集》水墨画，竹林山水间文人雅士或邻案几写字作画，或交谈观景，或摩崖刻字等。器地底中心琢"乾隆年制"双行四字隶书款。（刘晶莹）

乾隆皇帝御铭澄泥仿宋德寿殿犀纹砚

清乾隆（1736—1795）
盒长 15.5 厘米，宽 6.6 厘米，厚 1.6 厘米
故宫博物院藏

- 此砚为澄泥烧制，呈褐色，质地细腻坚密。砚面瓶式砚堂，瓶口浅雕为墨池，四周饰以犀纹。背面以楷书镌刻乾隆皇帝御铭：

  犀其文，瓶其口。制始谁？宋德寿。法伊书，吾何有？论伊人，吾弗取。乾隆御铭。

- 并钤"会心不远""德充符"二印。配紫檀嵌玉盒，盖面亦隶书镌刻此题铭，并钤"几暇怡情""得佳趣"两方御赏闲章。苏州织造也曾多次奉乾隆皇帝的旨意制作澄泥砚进贡。[1]（于倩）

[1]《活计档》对此记载颇多，略举一例："（乾隆四十四年十月记事录）初八日员外郎四德、五德等来说，太监鄂鲁里交澄泥十八块。传旨：交苏州织造全德随意成做澄泥砚送来。钦此。"于四十五年十二月初二日将苏州送到澄泥砚十方交太监厄勒里呈进讫。"引自中国第一历史档案馆、香港中文大学文物馆合编：《清宫内务府造办处档案总汇》第42册，北京：人民出版社，2005年，第550页。

乾隆款碧玉犀牛砚滴

清乾隆（1736—1795）
最高 11 厘米，最长 13.5 厘米，最宽 4.8 厘米
故宫博物院藏

● 碧玉质，玉中带有糖色。圆雕一似犀非犀之动物，驴耳，牛鼻，短尾，四蹄，眼眉、鼻梁深处和尾部均有各种回纹及变形云纹。内腔较小，滴注上刻饰两圈绳纹。底部篆书款"乾隆年制"，此器为乾隆时仿古作品。（徐琳）

青玉凫式水丞

清（1644—1911）
长 20.3 厘米，宽 6 厘米，口径 2.6×2.7 厘米，通高 15 厘米
故宫博物院藏

● 青玉质。圆雕一凫，体型较大。双翅收于尾部，尾内卷，作半卧状。凫的头颈略往右倾斜，口衔荷莲、水草。莲叶与莲花盘绕于凫背，颌下琢一只莲子，双足间琢水草，绕于腹部。凫背有一圆孔，深腔，无盖，内可贮水。凫身羽毛以阴刻线琢出，排列整齐、疏朗。

● 凫乃栖息于水上的水鸟，泛指野鸭。水丞又称水盂，为文房用具之一，可贮水，以备研墨、洗笔之用。（黄英）

紫檀木雕《兰亭修禊图》插屏

清乾隆四十四年（1779）
长 62.6 厘米，宽 40.5 厘米，高 82.5 厘米
故宫博物院藏

- 插屏紫檀木边座，委角素面阳线屏框与立柱一体，绦环板浮雕如意云头，披水牙雕夔纹。站牙雕龙凤龟鳞，雕莲瓣须弥座式屏墩。
- 屏心正面心板浮雕《兰亭修禊图》，左上角有嵌银片字乾隆皇帝御制诗一首，可为解读画面之助："赚来自萧翼，举出本元龄。真已堂堂佚，摄犹字字馨。谁知联后璧，原赖弃前型。恰尔排八柱，居然承一亭。擎天徒甍语，特地示真形。摹固得骨髓，书犹辟径庭。董临传聚散，于补惜凋零。殿以几余笔，艺林嘉话听。"浮雕心板可向上抽起拆下，露明其内一幅阴刻填金御笔对联及曾用于存放《兰亭八柱帖》的八个抽屉。抽屉面上分别书有"御临董其昌仿柳公权书兰亭诗""褚遂良摹兰亭帖""柳公权书兰亭诗并后序""内府钩填戏鸿堂刻柳公权书兰亭诗原本""董其昌临柳公权书兰亭诗""冯承素摹兰亭帖""于敏中补戏鸿堂刻柳公权书兰亭诗阙笔"和"虞世南临兰亭帖"，并配八卦方位乾、坤、巽、震、坎、离、艮、兑，说明屉中存放书帖纸本，与《兰亭八柱帖》刻石柱位置相对应。此件插屏于乾隆四十四年由如意馆制作完成，乾隆皇帝将其陈设于重华宫书房内，以便随时观赏。（赵赢赢）

青玉乾隆皇帝御笔文源阁记册

清乾隆（1736—1795）
匣长 22.3 厘米，宽 10.5 厘米，厚 7.8 厘米
故宫博物院藏

● 青玉质，共十片，配描金紫檀木匣。玉册首页钤刻"观书为乐"玺，文末落款"甲午初冬御笔"，钤刻"所宝为贤"和"乾隆御笔"玺，末页刻双龙戏珠图案。据《活计档》的记载，乾隆三十九年（1774）十二月，内务府将此玉册连同"文源阁记"宝玺，交由苏州织造刻字，并强调"往深里刻做"，次年九月制作完成交回宫中。[1] 紫檀木匣则由宫中造办处制作完成。[2]（魏晨）

[1]"（乾隆三十九年十二月行文）初二日员外郎四德、库掌五德、笔帖式福庆来说，太监胡世杰交……文源阁记玉宝一方上帖本文，玉册页一分，计十片，每片上各写本文。传旨：交苏州，将玉宝按本文刻阳纹字，其册页刻阴纹字，俱要往深里刻做……钦此。于四十年九月二十七日库掌五德将苏州送到文源阁记玉宝一方，册页一分持进交太监胡世杰呈进讫……"

引自中国第一历史档案馆，香港中文大学文物馆合编：《清宫内务府造办处档案总汇》第37册，北京：人民出版社，2005年，第442—443页。

[2]"（乾隆四十年九月记事录）二十七日员外郎四德、库掌五德、笔帖式福庆将苏州织造舒文送到文源阁记玉宝一方，册页一册，计十片，随本文、墨榻一分……持进交太监胡世杰呈览。奉旨：将玉宝、玉册页俱配匣，册页交董诰填全。钦此。……于十二月二十七日员外郎四德、库掌五德、福庆将文源阁记玉宝一方、玉册页一册，配得紫檀木罩盖匣二件，持进交太监胡世杰呈览。奉旨：着交懋勤殿刻签字。钦此。"

引自中国第一历史档案馆，香港中文大学文物馆合编：《清宫内务府造办处档案总汇》第38册，北京：人民出版社，2005年，第713—714页。

清人画弘历射狼图像轴

清乾隆七年（1742）
设色绢本立轴
外：纵441厘米，横221厘米
画心：纵259厘米，横172厘米
故宫博物院藏

- 无作者款识、印章。图轴画套粘有旧签，题："乾隆七年三月吉日。"
- 此图是乾隆皇帝谕令宫廷画家绘制的巡狩题材系列作品之一。图绘乾隆皇帝驰马射狼的生动一刻，图中乾隆皇帝及白马当由宫中的西洋画家郎世宁主绘，山石树木则由中国宫廷画家所绘，设景布势上采用传统的"散点透视"法，兼具东、西方绘画艺术特色。鉴藏印钤乾隆皇帝宝玺"八徵耄念之宝""五福五代堂古稀天子宝""太上皇帝之宝"。（李湜）

玉柄皮鞘匕首

清乾隆（1736—1795）
通长 42 厘米
故宫博物院藏

● 匕首钢质，前锐，刃锋。柄玉质，整体圆雕出一朵花的形状。皮鞘棕色，首尾包嵌铜镀金琫、珌加固，上镂雕卷草花叶纹样。（刘立勇）

玉雕花柄皮鞘匕首

清乾隆（1736—1795）
通长 53 厘米
故宫博物院藏

● 传统直刺式短兵器，钢质，前锐，刃锋。柄玉质，其身遍雕凹方形。皮鞘棕色，首尾包嵌铜镀金琫、珌加固，上镂雕回纹、卷草及蕉叶等纹样。（刘立勇）

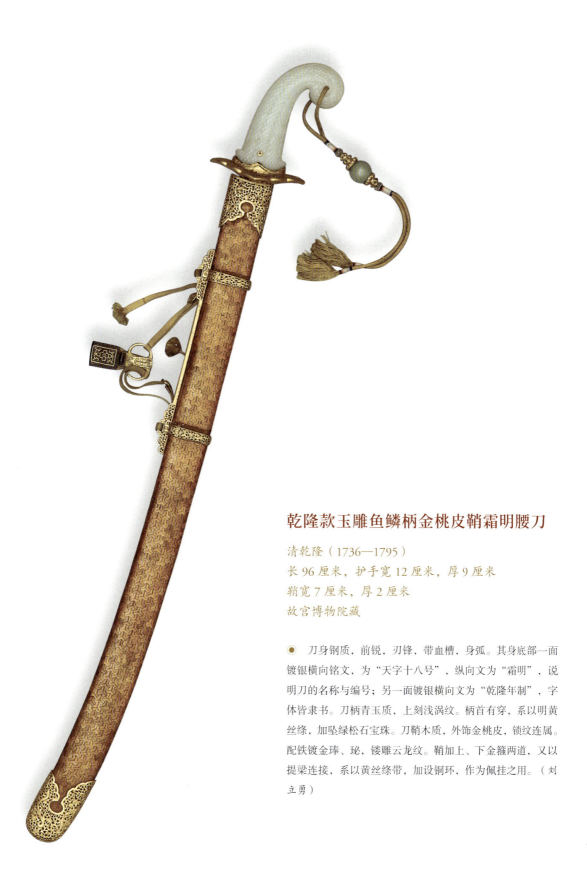

乾隆款玉雕鱼鳞柄金桃皮鞘霜明腰刀

清乾隆（1736—1795）
长96厘米，护手宽12厘米，厚9厘米
鞘宽7厘米，厚2厘米
故宫博物院藏

● 刀身钢质，前锐，刃锋，带血槽，身弧。其身底部一面镀银横向铭文，为"天字十八号"，纵向文为"霜明"，说明刀的名称与编号；另一面镀银横向文为"乾隆年制"，字体皆隶书。刀柄青玉质，上刻浅涡纹。柄首有穿，系以明黄丝绦，加坠绿松石宝珠。刀鞘木质，外饰金桃皮，锁纹连属。配铁镀金琫、珌，镂雕云龙纹。鞘加上、下金箍两道，又以提梁连接，系以黄丝绦带，加设铜环，作为佩挂之用。（刘立勇）

墨玉御制西师诗册

清乾隆（1736—1795）
匣长 21.9 厘米，宽 8.6 厘米，厚 7.5 厘米
故宫博物院藏

- 墨玉质，共八片，配紫檀木匣。首页刻龙纹，浅刻填金小楷"御制西师诗"，末页正面刻"解嘲守井诗"，下无款识，背面刻山水。《西师诗》阐述了乾隆时期平定准噶尔部叛乱的经过和意义，载于《清高宗御制诗集》二集卷九十七。

- 根据《活计档》记载，此玉册于乾隆二十五年（1760）十一月奉旨交由苏州织造成做，乾隆二十七年（1762）二月完成刻字后送回宫中，[1] 同年五月交如意馆"将玉册页片二面填泥金"，[2] 同时由造办处匣裱作配制紫檀木匣，六月十九日最终完成[3]。（魏晨）

[1]"（乾隆二十五年行文十一月）二十四日接得员外郎安泰押帖一件，内开本月十九日太监胡世杰交：御制盛京赋本文一副，计十四页；御制西师诗本文一副，计十四页。传旨：着启祥宫有收贮青玉选做册页二分。钦此。于本月二十二日挑得青玉一块，重六十斤，画得分道毂做二分呈览。奉旨：准做。面底页花纹照开感论平定回部尺寸大小厚薄一样，交苏州织造安宁成做。钦此。于二十七年二月郎中白世秀、员外郎寅着将苏州安宁送到盛京赋册页一分持进交太监胡世杰呈进讫。于二十七年五月初四日郎中白世秀、员外郎寅着将苏州安宁送到西师诗册页一分持进交太监胡世杰呈进讫。"

引自中国第一历史档案馆、香港中文大学文物馆合编：《清宫内务府造办处档案总汇》第25册，北京：人民出版社，2005年，第565页。

[2]"（乾隆二十七年五月如意馆）十二日接得郎中达子、员外郎安泰押帖一件，内开二十六日初七日太监胡世杰交西师诗玉册页片八块。传旨：着交如意馆，将玉册页片二面填泥金。钦此。"

引自中国第一历史档案馆、香港中文大学文物馆合编：《清宫内务府造办处档案总汇》第27册，北京：人民出版社，2005年，第176页。

[3]"乾隆二十七年（匣裱作）五月初四日郎中白世秀、员外郎寅着来说太监胡世杰交青玉西师诗册页一分，计八页。传旨：着照先做过紫檀木罩盖匣一样配匣盛装。钦此。于六月十九日郎中白世秀将青玉册页一分配得匣持进交太监胡世杰呈进讫。"

引自中国第一历史档案馆、香港中文大学文物馆合编：《清宫内务府造办处档案总汇》第27册，北京：人民出版社，2005年，第397页。

碧玉交龙纽"五福四得十全之宝"

清乾隆（1736—1795）
边长9.7厘米，通高9厘米，纽高4.5厘米
故宫博物院藏

● 碧玉交龙纽方形玺，阳文篆字，配有紫檀木匣。"五福"源自《尚书》，"四得"指"位、禄、名、寿"，取自《礼记》"故大德，必得其位，必得其禄，必得其名，必得其寿"。"十全"狭义上是指乾隆皇帝在位期间十次重大军事行动，即"平准噶尔为二，定回部为一，扫金川为二，靖台湾为一，降缅甸、安南各一，即今二次受廓尔喀降，合为十"[1]；广义上则指乾隆皇帝自诩为文治武功第一的"十全老人"。据《活计档》记载，此印连同印匣于乾隆五十八年（1793）十月送往苏州，交由苏州织造"照本文加深刻字"。次年九月宝玺刻成后送回北京，收贮至宁寿宫。[2]（魏晨）

[1] 爱新觉罗·弘历：《十全记》，《清高宗御制文集》三集卷八，《乾隆御制诗文全集》第十册，北京：中国人民大学出版社，2013年，第930页。

[2] "乾隆五十八年（行文）十月初五日太监梅进宝来说，总管张进喜交：青玉宝一方，上贴五福四得十全之宝本文，随紫檀木拉道填金罩盖匣一件；青玉册页一分，随计十片，上贴五福五代堂记本文一方，紫檀木拉道填金罩盖匣一件，匣盖上贴赤文萃吉签字本文一条。苏州织造五德呈进。传旨：俱交苏州织造带去，照本文加深刻字送来。钦此。十月初十日普安行文记。于五十九年九月二十五日苏州送到刻字玉册宝一分随匣进交宁寿宫记。"引自中国第一历史档案馆、香港中文大学文物馆合编：《清宫内务府造办处档案总汇》第53册，北京：人民出版社，2005年，第606—607页。

张书勋书平定金川纪册

纸本
清乾隆（1736—1795）
外：纵 19.4 厘米，横 23.3 厘米
册心：纵 15.6 厘米，横 19.6 厘米
故宫博物院藏

- 张书勋（1725？—1785？），字在常，号西峰，吴县（今江苏苏州）人。乾隆三十一年（1766）丙戌科状元，授翰林院修撰。乾隆三十三年至四十年（1768—1775），先后五次担任顺天乡试及会试同考官。乾隆四十二年（1777）出任湖北乡试主考（中允衔）。此后事迹不见记载。著有《西峰诗稿》（见《吴县志·艺文考二》），已佚。

- 此册是张书勋为平定两金川大功告成向朝廷所进的赋文，全册本幅十四开，前后附页各二开。以楷书写就，间架明称，严整流畅。此册是典型的乾隆时期装潢风格，上下夹板均为紫檀木，前附页绘有描金团龙云纹图案，本幅围以手绘描金花叶纹，庄重而不失典雅。

- 据统计，有清一代全国共有 114 名状元，其中苏州一地即贡献了 26 名之多，可谓"状元之乡"。乾隆皇帝在位六十年间共举办过 27 次殿试（含 6 次恩科），苏州府夺得 5 次状元，分别是张书勋、陈初哲（乾隆三十四年[1769]）、钱棨（乾隆四十六年[1781]，连中三元）、石韫玉（乾隆五十五年[1790]，恩科）和潘世恩（乾隆五十八年[1793]）。（郝炎峰）

第三单元

怡情乐志　物阜工巧

　　乾隆皇帝勤于政务，还重视调养情志，是一位兴趣爱好广泛、颇具才华的帝王。他一生酷爱鉴藏，内府中有大量名家墨宝、传世重器、名窑瓷器、西洋奇巧……又痴迷书法，喜欢绘画，精娴音律，热心园林……他还亲自主导宫廷中各种工艺品的生产制作，确定"高、新、精"之标准，这些珍玩以举国之物、举国之力、举国之工而成，体现了乾隆时期艺术精细、典雅的极致。

郎世宁等画弘历观画图轴

纸本设色
清乾隆（1736—1795）
外：纵 273.4 厘米，横 98 厘米
画心：纵 136.4 厘米，横 62 厘米
故宫博物院藏

- 郎世宁（1688—1766），意大利人，历任康熙、雍正、乾隆三朝宫廷画师，并参与增修圆明园建筑设计，官至三品。擅画肖像、花鸟、走兽等，尤工战役图。本幅款署："臣郎世宁恭绘。"钤"臣世宁"白文方印、"恭画"朱文方印。郎世宁利用画中画的构图方式，表现乾隆皇帝弘历在清风中欣赏《洗象图》的情景。《洗象图》描绘了扮作普贤菩萨的乾隆皇帝观看众人为普贤的坐骑白象洗刷的场景。

- 画中乾隆皇帝的肖像由郎世宁以西洋绘画技法绘制，富有层次和立体感。服饰则由中国画家以"战笔描"表现。衣纹线条抖动弯曲，极具动感。图中的小童、房舍、树木等亦是由中国画家联手完成的。东、西方绘画艺术风格融合于同一幅作品中，是乾隆朝宫廷绘画的一大特色。（李湜）

文徵明雪景山水轴

绢本墨笔
明（1368—1644）
外：纵 266.7 厘米，横 58 厘米
画心：纵 134.7 厘米，横 29 厘米
故宫博物院藏

● 文徵明擅画雪景，此幅叠壑高远，山石嶙峋，楼阁隐现。下部绘一文士策蹇过溪桥；中部绘老松古树村居，上部绘一人策仗出岩洞，表现了文人雪中寻幽的高雅情怀。山石及树干上部大片留白以示雪景，并以侧笔勾皴表现山石坚硬的质地。本幅未署年款，画心右上有画家自题："云埋岭树雪漫漫，天削芙蓉万玉寒。小蹇不嫌归路永，十分清思属吟鞍。徵明。"下钤"徵明印""停云馆"白文印，左下钤"徵仲"白文印和"停云馆"朱文印。（蒋彤）

追簋

西周（前1046—前771）
口径26.2厘米，宽44.5厘米，通高35.1厘米
故宫博物院藏

● 整体呈上圆下方状，束颈，垂腹，失盖。双耳龙形附垂珥，器身和方座四面饰夔凤纹。其上下间隔有窃曲纹带，通身用云雷纹作地。器内有铭文七行六十字，内容是：追自称日夜操劳主管的事，周天子对他赏赐很多，追称扬天子的恩惠，造簋祭祀祖先。铭文内容对研究西周祭祀和称谓有一定的史料价值。（何林）

● 铭文释读：
　　追虔夙夕，卹氒（厥）死事，
　　天子多易（赐）追休，追敢
　　对天子覲扬，用乍（作）朕皇
　　且（祖）考尊簋，用享孝于
　　前文人，用祈介眉寿
　　永令（命），畯臣天子，霝（令）冬（终），追
　　其万年子子孙孙永宝用。

乾隆皇帝御题青玉琮

新石器时代良渚文化
高 6.7 厘米，长 11.5 厘米
宽 11 厘米，内孔径 8.8 厘米
故宫博物院藏

◉ 玉琮分两节，上面为兽面纹，下面为人面纹。从现有射口的沁色及纹饰看，玉琮早期被切割。清代时，玉琮内孔被重新钻孔打直，在内孔放入铜质珐琅胆，改制为香薰，打直的内孔也显露出原玉料的颜色为青绿色。

◉ 玉琮外壁直槽内刻琢有乾隆御制诗文，和珐琅胆上的御制诗一致。唯与玉琮纹饰上下颠倒。诗题为《再题旧玉搁头缾》，为乾隆五十八年（1793）所作。诗曰："虽曰饰竿琳与琅，置肩䡅䡉孰能当。近经细绎辋头错，遂以成吟一再详。"（徐琳）

乾隆御题诗碧玉出戟蕉叶纹方觚

清乾隆（1736—1795）
高 25.8 厘米，口径 14 厘米，底径 7.4 厘米
故宫博物院藏

● 碧玉质，花觚方形，八出戟，上下外撇似喇叭，腹部似鼓。口沿处阴刻一周方回纹，上下饰蕉叶纹，腹部饰兽面纹，戟上刻方回纹。花觚口沿内壁阴刻乾隆御题诗《咏和阗绿玉方壶》："和阗犰绿玉，量质琢方壶。可谓美中美，谁訾觚不觚。羊脂虽逊素，韭叶亦堪图。屡咏多何必，惟应增愧乎。"附一紫檀木座。（刘梦媛）

乾隆皇帝御题白玉兽耳衔环带盖方壶

清乾隆（1736—1795）
高 24.2 厘米，口径 6.8 厘米，底径 6.3 厘米
故宫博物院藏

● 白玉质，部分玉中有褐色斑。整器造型仿汉铜方壶，两侧有兽耳衔活环耳。器盖与器身为同一块玉雕琢，盖上四系。器方足，足内中心阴刻隶书"大清乾隆仿古"六字款。器身一面阴刻隶书乾隆皇帝御制诗《咏和阗玉汉兽环方壶》：

> 迩来和阗玉来多，官贡私售运接轸。
> 专诸巷里工匠纷，争出新样无穷尽。
> 因之玉厄有惜辞，凡涉华器概从摈。
> 知不获利渐改为，方壶兹以汉为准。
> 兽琢双耳连以环，既朴以淳纖巧泯。
> 夏商曰尊周曰壶，虽云递降古犹允。
> 返古在兹惧在兹，君人好尚可弗谨。

● 后有"乾隆丙午御题"，以及"比德""朗润"两方章。
● 此诗为乾隆五十一年（1786）乾隆皇帝七十六岁时所作，诗中表达了对当时玉器制作为出新样、竞为华器、牟利以致琢损良材风气的斥责，认为是"玉厄"。同时大加赞赏古代器物的淳朴风格，提倡仿古玉器的制作。（徐琳）

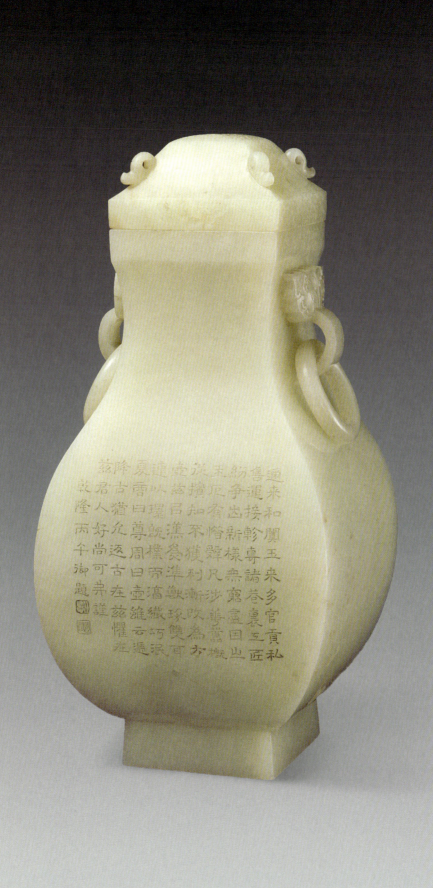

白玉仿古匜

清乾隆（1736—1795）
口径 6.5×17.4 厘米，底径 5.4×9.2 厘米，高 17.1 厘米
故宫博物院藏

● 白玉，玉色青白温润，局部有糖色。此器由整块玉料琢成，分器盖和器身两部分，以子母口相合。配紫檀木座。匜是注水器，青铜匜最早出现于西周中期以后，流行于西周晚期到春秋时期，此器样式仿古铜匜，而又有所变化，是明清时期仿古玉的一个重要器形。（刘晶莹）

乾隆款青玉爵盘

清乾隆（1736—1795）
通高 14 厘米，盘径 16.5 厘米
故宫博物院藏

● 青玉质，由爵杯和盘托两部分组成。爵杯三尖状足，敞口，双流柱。爵身三面出戟，一面有半圆形鋬耳。盘托圈足底，有四兽面形足。爵杯与盘底俱阴刻"乾隆年制"款并另刻一"八"字，表明两者配套使用。据《活计档》可知，乾隆时期苏州织造曾多次奉旨制作玉爵盘。如乾隆五十二年（1787）十二月二十五日，苏州织造四德曾进贡"青玉爵盘五分"[1]；次年七月初八日和九月二十八日又分别进贡"青玉爵盘二分"和"青玉爵盘四分"[2]。（徐琳）

[1] 中国第一历史档案馆、香港中文大学文物馆合编：《清宫内务府造办处档案总汇》第 50 册，北京：人民出版社，2005 年，第 107 页。

[2] 中国第一历史档案馆、香港中文大学文物馆合编：《清宫内务府造办处档案总汇》第 50 册，北京：人民出版社，2005 年，第 17—21 页。

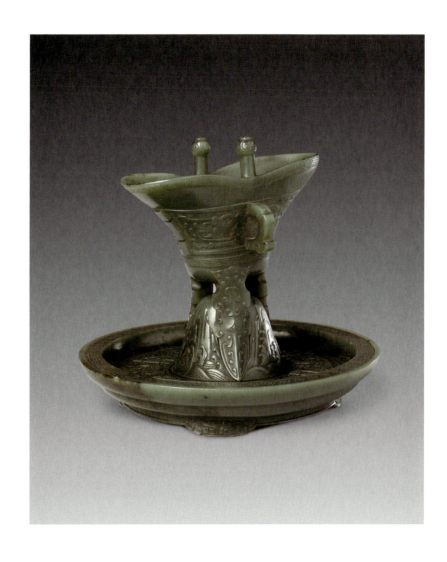

钧窑玫瑰紫釉鼓钉三足洗

宋（960—1279）
口径21.2厘米，底径13.4厘米，高8厘米
故宫博物院藏

● 敛口，浅腹呈鼓形，平底，底下承以三个如意云头式足。口沿处饰弦纹两道，口沿及下腹部各饰鼓钉纹一道，上部二十枚，下部十八枚。器内施天蓝色窑变釉，外施玫瑰紫色窑变釉，口沿、边棱处釉层较薄，呈米黄色。器底局部涂抹酱色护胎釉，有支烧钉痕二十八个环列一周，支点大，排列密集，三足底部露灰色胎。一足内壁刻汉写数目字"七"，底部有清宫刻字"重华宫"（横向）、"静憩轩用"（纵向），字体工整，笔画纤细。

● 据《活计档》记载，从乾隆十一年（1746）开始，皇帝开始有意识地命令内务府工匠在陈设类钧瓷上加刻宫殿名或陈设地名。刻字的诏令下达后，先设计出拟刻的"地名字名样"，粘贴在盆底，送乾隆皇帝过目，得到的旨意是"将大地名准刻横的、小地名准刻竖的"。从实物看，陈设类钧窑瓷器底部刻写的宫殿名即"大地名"在上自右向左横刻，具体陈设地即"小地名"在下竖刻。（韩倩）

铜镀金四象驮跑人转四角花日历表

18 世纪
英国
高 71 厘米，底边长 49 厘米
故宫博物院藏

● 表以四象为底足。象背负乐箱，乐箱正面有乡村风景景观，景观里的铜镀金活动人物姿态各异。乐箱平台四角插嵌料石转花。平台中心圆柱环绕荷枪士兵。计时部分在表的顶端，四条鱼倒立，用鱼尾托举白珐琅表盘。表盘上的四个小表盘分别是时盘、刻盘、秒盘、阴历盘。上弦启动后，乐声响起，人物前行，花儿转动。（关雪玲）

乾隆皇帝行书
仿文徵明《前后赤壁赋》卷

纸本
清乾隆（1736—1795）
纵40.5厘米，横756厘米
故宫博物院藏

- 引首自题"江山风月"，本幅款署"御临徵明"，下钤"三（乾）"朱文圆印、"隆"朱文方印、"御书"朱文长方印，另钤"长春书屋御制"白文方印、"乾隆宸翰"朱文方印诸印。

- 此卷为乾隆皇帝临文徵明书《前后赤壁赋》。文徵明书《前后赤壁赋》是其人书俱老之作。乾隆皇帝所临此作，运笔圆活，结体纵逸，章法舒朗，神融笔畅。卷中还间附有董邦达奉敕以设色画赋意两段，即奉敕恭摹唐寅画于《赤壁赋》后和奉敕恭摹仇英画于《后赤壁赋》后，可谓君臣唱和，意蕴相映。（赵梓汝）

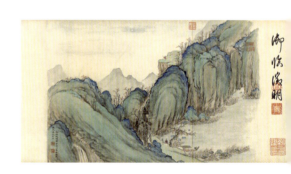

江山風月

赤壁清游

赤壁賦

壬戌之秋七月既望，蘇子與客泛舟遊於赤壁之下。清風徐來，水波不興。舉酒屬客，誦明月之詩，歌窈窕之章。少焉，月出於東山之上，徘徊於斗牛之間。白露橫江，水光接天。縱一葦之所如，凌萬頃之茫然。浩浩乎如馮虛御風，而不知其所止；飄飄乎如遺世獨立，羽化而登仙。

於是飲酒樂甚，扣舷而歌之。歌曰：「桂棹兮蘭槳，擊空明兮溯流光。渺渺兮予懷，望美人兮天一方。」客有吹洞簫者，倚歌而和之。其聲嗚嗚然，如怨如慕，如泣如訴，餘音嫋嫋，不絕如縷。舞幽壑之潛蛟，泣孤舟之嫠婦。

蘇子愀然，正襟危坐而問客曰：「何為其然也？」客曰：「『月明星稀，烏鵲南飛』，此非曹孟德之詩乎？西望夏口，東望武昌，山川相繆，鬱乎蒼蒼，此非孟德之困於周郎者乎？方其破荊州，下江陵，順流而東也，舳艫千里，旌旗蔽空，釃酒臨江，橫槊賦詩，固一世之雄也，而今安在哉？況吾與子漁樵於江渚之上，侶魚蝦而友麋鹿，駕一葉之扁舟，舉匏樽以相屬。寄蜉蝣於天地，渺滄海之一粟。哀吾生之須臾，羨長江之無窮。挾飛仙以遨遊，抱明月而長終。知不可乎驟得，託遺響於悲風。」

蘇子曰：「客亦知夫水與月乎？逝者如斯，而未嘗往也；盈虛者如彼，而卒莫消長也。蓋將自其變者而觀之，則天地曾不能以一瞬；自其不變者而觀之，則物與我皆無盡也，而又何羨乎？且夫天地之間，物各有主，苟非吾之所有，雖一毫而莫取。惟江上之清風，與山間之明月，耳得之而為聲，目遇之而成色，取之無禁，用之不竭，是造物者之無盡藏也，而吾與子之所共適。」

客喜而笑，洗盞更酌，肴核既盡，杯盤狼藉。相與枕藉乎舟中，不知東方之既白。

後赤壁賦

是歲十月之望，步自雪堂，將歸於臨皋。二客從予，過黃泥之坂。霜露既降，木葉盡脫，人影在地，仰見明月，顧而樂之，行歌相答。已而嘆曰：「有客無酒，有酒無肴，月白風清，如此良夜何？」客曰：「今者薄暮，舉網得魚，巨口細鱗，狀似松江之鱸。顧安所得酒乎？」歸而謀諸婦。婦曰：「我有斗酒，藏之久矣，以待子不時之需。」於是攜酒與魚，復遊於赤壁之下。江流有聲，斷岸千尺；山高月小，水落石出。曾日月之幾何，而江山不可復識矣！

予乃攝衣而上，履巉巖，披蒙茸，踞虎豹，登虯龍，攀棲鶻之危巢，俯馮夷之幽宮，蓋二客不能從焉。劃然長嘯，草木震動，山鳴谷應，風起水湧。予亦悄然而悲，肅然而恐，凜乎其不可留也。反而登舟，放乎中流，聽其所止而休焉。時夜將半，四顧寂寥。適有孤鶴，橫江東來，翅如車輪，玄裳縞衣，戛然長鳴，掠予舟而西也。

須臾客去，予亦就睡。夢一道士，羽衣翩躚，過臨皋之下，揖予而言曰：「赤壁之遊樂乎？」問其姓名，俛而不答。「嗚呼噫嘻！我知之矣。疇昔之夜，飛鳴而過我者，非子也耶？」道士顧笑，予亦驚寤。開戶視之，不見其處。

乾隆皇帝仿文徵明《山村嘉荫图》轴

纸本设色
清乾隆（1736—1795）
外：纵222厘米，横63.5厘米
画心：纵59.4厘米，横32.5厘米
故宫博物院藏

● 此图为乾隆三十五年（1770）乾隆皇帝仿文徵明所作。图以墨笔绘山岩下草堂两间，四位文人在堂中雅集，童子于另一堂中烹茶，嘉木成荫，意境恬静闲适，文人意趣盎然，得文徵明山水小景之旨趣。本幅上方有弘历御题云：

　　四友良宵会一堂，言唐虞上薄周商。三庚底似清秋景，户外乔松入籁长。徵明《山村嘉荫图》笔意古穆，向曾题句，几余仿成此帧，并用前韵题之，附录原诗于左：重阴绿树覆茅堂，邱索遗编无榷商。童子烹茶不妨缓，相投水乳正言长。乙酉夏日御笔。

● 后钤"会心不远"白方印、"德充符"朱方印。此图经《石渠宝笈》著录，钤有"石渠宝笈所藏"。另钤有"落纸云烟""画禅室""宣统尊亲之宝""教育部点验之章"等印。（施含牧）

白玉十二辰

清乾隆（1736—1795）
十二辰：通高 5 厘米，宽 3.5 厘米
印盒：高 7 厘米，口径 9.3 厘米
紫檀盒：高 14 厘米，口径 27 厘米
故宫博物院藏

- 印盒碧玉质。盖面及四个侧面饰谷纹地，侧面每面有三个圆形小开光，内浅浮雕"日、月、星辰、山、龙、华虫、宗彝、藻、火、粉米、黼、黻"十二章纹。十二辰均为白玉质，立体圆雕为兽首人物坐像。按照"子鼠、丑牛、寅虎、卯兔、辰龙、巳蛇、午马、未羊、申猴、酉鸡、戌狗、亥猪"的顺序排列，环绕碧玉印盒在紫檀木盒内围成一圈。十二个坐像由一块料打磨而成，大小近似，每个坐像下均配有随形紫檀木座。十二辰身着交领长衫，宽衣大袖，动作各异。

- 盛放十二辰的木盒为紫檀质，十二边形。盒盖面中为篆书阳文"万年甲子"，外一圈为篆书"子、丑、寅、卯、辰、巳、午、未、申、酉、戌、亥"。盒盖内刻填金隶书乾隆皇帝御制诗《用十二辰本事题四库全书》：

    四库搜经史集子，绝胜书画收张丑。木天群彦聚清寅，宁一青藜照金卯。
    名山搜校及兹辰，给扎授餐岁始巳。讵以军事废旁午，速成欲信斯之未。
    玩愒有戒居申申，继晷焚膏穷二酉。乙览秉烛金屈戌，三豕子夏辨巳亥。

- 末署"乾隆乙未仲夏月中瀚御制"，并阴刻"几暇怡情"篆书四字方印。
- 盒外侧十二面有隶书填金乾隆皇帝御制诗《效仇远十二辰体咏金川事》：

    鼠寇猖金川，于唐吐蕃种。牛相却悉坦，自昔恶蠢动。
    虎年即背盟，构衅邻封冗。兔穴营三窟，蚁斗相冲桐。
    龙骧未足劳，方伯命戒董。蛇蝎为其心，迁延竟惛惛。
    马年增筑碉，吞并心益涌。羊子效父触，赢角曾弗恐。
    猴谲不可敖，王师发精勇。鸡肋非所图，群番筹安巩。
    狗苟与蝇营，压卯山临莘。猪鞋羌儿俘，成功不旋踵。

- 末署"乾隆乙未夏御制"，并阴刻"比德""朗润"篆书四字方印。
- 这两首诗均作于乾隆四十年（1775），收于《清高宗御制诗集》四集卷二十九。当时正在紧锣密鼓地编撰《四库全书》，而金川之战胜局已定，"盼捷益切"的乾隆皇帝欣然提笔赋诗二首，一首十二辰藏尾，一首十二生肖藏头，从一个侧面真实反映了乾隆皇帝"稽古崇文、靖边宣武"的一生。
- 据《活计档》记载，乾隆时期苏州织造曾多次根据乾隆皇帝的旨意制作玉质十二辰进贡入宫。[1]（刘晶莹）

（二）

《活计档》对此记载较多，略举一例：

"（乾隆四十六年十月记事录）二十一日员外郎五德，催长大达色，金江，舒兴将苏州送到：雕紫檀木十二辰盒二件，内盛青白玉十二辰二分，方盒二件，随十二辰木样，持进，交启祥宫挑玉再做几分。奉旨：将十二辰册页二册在玉方盒二件内盛装，各配纳绸垫其十二辰木样交启祥宫挑玉再做几分。钦此。

于二十二日郎中保成持来旨意贴一件，内开二十一日太监鄂鲁里交十二辰木样一分。传旨：交启祥宫挑玉，照木样做四分。配玉方盒四件。钦此。

随挑得二等玉子十三块，毅做十二辰二分；四等玉子一块，书方盒二件，见方一寸，高一寸八分；又画轴头十二对，长一寸二分，径一寸；又挑山料玉十块，毅做十二辰二分；大山料玉一块，画方盒二件，见方四寸，高一寸八分，持进呈览。奉旨：俱交苏州织造全德成做。钦此。"

引自中国第一历史档案馆、香港中文大学文物馆合编：《清宫内务府造办处档案总汇》第44册，北京：人民出版社，2005年，第610—612页。

乾隆款黄玉三阳开泰双连带盖瓶

清乾隆（1736—1795）
宽 17.5 厘米，底 2.6×4.6 厘米，通高 10.8 厘米
故宫博物院藏

● 黄玉质。中间为一扁圆形大瓶，瓶盖上雕一小兽为钮，双夔耳，瓶身光素，腹部雕一攀爬态蟠螭。大瓶足内阴刻篆书"乾隆年制"四字款。大瓶一侧雕三只羊，为三大一小；另一侧雕一跪姿玉兽，兽承驮一椭圆形盖宝瓶，宝瓶上凸雕螭凤纹。置于随形硬木底座之上。（杨立为）

乾隆皇帝御题青玉雕"人物高山观瀑图"山子

清乾隆（1736—1795）
高 10.4 厘米，长 16.8 厘米，宽 9 厘米
故宫博物院藏

● 山子为一整块青白玉籽料雕琢而成。正面描绘一老人坐于山石之上，在苍松掩映之下静观瀑布，远处一童子抱琴沿山路而来。背面在松山之中隐约可见石阶，蜿蜒而去。在一边空白处，雕楷书涂朱乾隆御制诗一首：

> 玉厄昨来已咏辞，玉工遂有改絃为。危乎上之所好恶，速矣下斯成倡随。
> 相质高山流水处，图传清听静观时。报琴童子何迟至，欲趁会心一写之。

● 后有"乾隆壬寅仲秋御题"款，并有两枚阴刻方章"太""王卜"。此诗为乾隆四十七年（1782）乾隆皇帝七十二岁时所作。原配紫檀底座，亦雕山石流水。底部泥金隶书，与玉上所刻御制诗相同，只是后另刻两枚方章，一为阳文"会心不远"，另一为阴文"德充符"。（徐琳）

乾隆皇帝御题青白玉如意

清乾隆（1736—1795）
通长 39 厘米，通高 5.5 厘米，头宽 9.2 厘米，柄最宽 4.1 厘米
故宫博物院藏

- 青白玉，玉质温润。柄尾掏雕一玉环，系黄丝穗，丝穗上有两个珊瑚豆。器身刻琢填金楷书御制诗文。如意头上刻琢乾隆皇帝御制诗：

    俗琢翻增恶状披，譬如不洁冒西施。庸工弄巧堪厌矣，一例加磨俾去之。
    留玷图其斤两重，祛瑕全此瑾瑜姿。不论美恶论厚薄，欲笑陶朱未审思。

- 后有"乾隆御题"及"古香"阴文方章和"太璞"阳文方章。
- 如意柄上刻琢御制文：

    今之庸工攻玉，其弄巧者诚堪鄙，至于不论形制之美恶，祇计体质之厚薄，以厚者重而可获倍价，于是不复去其瑕玷以全瑾瑜之姿，则又未始非陶朱公之言误之也。因改制俗匠所为玉如意故并识之。乾隆己酉新正御笔。

- 后有"比德"阳文方章和"朗润"阴文方章。（徐琳）

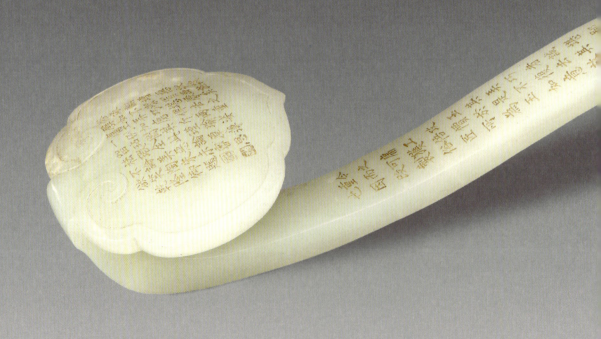

金如意

清（1644—1911）
长 32.1 厘米，宽 8.7 厘米
故宫博物院藏

◉ 明清时期，如意为寓意吉祥的陈设品。此如意八成金质，造型简练，曲柄，鼓背，仿作三镶式。首中尾部均做开光阴刻。首部为大朵灵芝形，上錾刻缠枝花卉纹围绕一团"寿"字。中部稍宽，呈长圆委角形，中部錾刻椭圆形团"寿"字，"寿"字外围绕一圈蝙蝠纹。尾部呈小朵灵芝状，中部为一团"寿"字，蝙蝠纹环绕一周。如意柄上下两处均阴刻叠"寿"字。背面光素。（刘晶莹）

金錾花云龙纹葫芦式执壶

清（1644—1911）
高 29 厘米，最宽 24 厘米，最大腹径 16 厘米
故宫博物院藏

● 金质，葫芦形，重 1224 克。上錾刻云龙纹并镶嵌珊瑚、珍珠、青金石、松石、红色宝石、孔雀石珠三十多颗，执壶腹部共錾刻八条五爪龙，呈威武腾飞状。流及壶之执柄皆为龙式，执柄系金质链条连接于壶盖钮之上。金执壶是清代皇帝的御用酒具，清代皇家金器数量较多的主要是金质的酒具和餐具等生活用器。（赵桂玲）

乾隆款松石绿地蝙蝠纹葫芦瓶

清乾隆（1736—1795）
高 33.3 厘米，口径 3.5 厘米，足径 11.4 厘米
故宫博物院藏

● 瓶呈葫芦式，直口，束腰，圈足。通体施松石绿釉，外壁以矾红彩满绘蝙蝠纹，用彩浓淡分明，描绘细致。圈足端无釉露胎。外底中心红彩署"大清乾隆年制"六字三行篆书款，外围双方栏。蝙蝠与"福"字谐音，以红彩绘蝙蝠，取"红蝠"谐音，寓意"洪福齐天"。（单莹莹）

乾隆款青花釉里红九龙闹海纹梅瓶

清乾隆（1736—1795）
高 35 厘米，口径 7.3 厘米，足径 13.6 厘米
故宫博物院藏

● 梅瓶侈口，短束颈，丰肩，瘦胫，隐圈足。外壁以青花釉里红为饰。颈、肩部自上面下分别绘蕉叶纹、花卉纹、覆莲瓣纹三层纹饰带。器身以青花满绘海水波涛，间以釉里红绘饰九条形态各异的龙。瓶外底署青花"大清乾隆年制"六字三行篆书款。（单莹莹）

乾隆款黄地粉彩开光山水图双连瓶

清乾隆（1736—1795）
高 18.2 厘米，口 9×5.5 厘米，足 10×5.8 厘米
故宫博物院藏

● 瓶作扁平状，似两个瓶子连在一起，因此称为"双连瓶"。此瓶内壁和外底均施松石绿釉。瓶正反两面腹壁中心各绘一圆形开光，内绘青绿山水图。天空中留白处，均以墨彩署御制诗。一面题诗"东风随处起芳华"，另一面题诗"阁跨明溆映水红，开窗不断芰荷风"，均出自乾隆皇帝御制诗《题唐岱仿古十二帧》。瓶外底署矾红彩"大清乾隆年制"六字三行篆书款。（单莹莹）

祭红釉瓶

清乾隆（1736—1795）
高 16.7 厘米，口径 3.3 厘米，底径 4.5 厘米
故宫博物院藏

● 瓶口微敞，直颈，鼓腹，隐圈足。瓶外壁施祭红釉，釉色纯净均匀。祭红釉是以铜为呈色剂的高温铜红釉，创烧于明代初年。因铜元素不稳定，高温时较难烧成，明晚期技术失传，清康熙时期复烧成功。（单莹莹）

粉彩雕塑蟹果盘

清乾隆（1736—1795）
高6厘米，口径21.5厘米，足径12.5厘米
故宫博物院藏

● 盘平折沿，浅腹，平底，圈足。施白釉，金彩描边，折沿上以白色料彩堆绘缠枝莲纹。盘内盛螃蟹、石榴、核桃、荔枝、栗子、枣、西瓜子、菱角、荸荠等各类瓷塑的动物、瓜果，形态和釉色都达到了逼真的程度。此类瓷器称为"象生瓷"，是乾隆时期御窑创烧的新品种，体现了乾隆御窑的创新能力。（单莹莹）

乾隆款画珐琅人物图盆

清乾隆（1736—1795）
口径 37.3 厘米，高 7.7 厘米
故宫博物院藏

● 盆菱花式，宽口沿，直壁，平底。以铜为胎，通体画珐琅为饰，口沿外侧边缘鎏金。盆内心施白色珐琅釉为地，彩绘庭园人物。内壁在黄地上彩绘缠枝花纹，口沿在黄色地上以红、绿、紫、蓝等各色珐琅彩绘勾连蝙蝠纹。盆外侧施黄色珐琅釉为地。沿外壁彩绘缠枝莲纹，近缘处有一道白地蓝线勒边。身外壁以红、蓝、白彩绘勾连夔凤纹一周。底部有蓝、白二色绘夔凤纹三只，围成一条装饰带；中心又有蓝、白二色绘卷草状夔龙纹一对，环绕红色单线方框，框内白地红字为"大清乾隆年制"六字三行篆书款。（展梦夏）

乾隆款脱胎朱漆菊瓣式盘

清乾隆（1736—1795）
口径14厘米，高3.5厘米
故宫博物院藏

● 盘菊瓣形脱胎，通体髹朱漆，敞口，浅腹，平底，菊瓣形圈足，盘心戗金隶书乾隆御制《咏仿永乐朱漆菊花盘》诗：

吴下髹工巧莫比，仿为或比旧还过。脱胎那用木和锡，成器奚劳琢与磨。
博士品同谢青喻，仙人颜似晕朱酡。事宜师古宁斯谓，拟欲摛吟愧即多。

● 末署"乾隆甲午御题"及"乾""隆"二方印款。乾隆甲午年即乾隆三十九年（1774）。足底髹黑漆，戗金"大清乾隆仿古"楷书款。《活计档》中也有苏州织造制作朱漆菊瓣盘（碟）的记录，并且数量不止一件。如：

（乾隆四十年三月行文）三十日员外郎四德、库掌五德来说，太监胡世杰交刻诗红漆菊瓣碟一件，上刻大清乾隆仿古，淳化轩换下。传旨：将刻诗红漆菊瓣碟一件交苏州织造舒文照样成做六件，其碟内诗并大清乾隆仿古款亦照样刻做，送到时交乾清宫。钦此。于闰十月二十七日将苏州送到刻诗红漆碟六件、原样六件呈进讫。[1]（邢娜）

[1] 中国第一历史档案馆、香港中文大学文物馆合编：《清宫内务府造办处档案总汇》第38册，北京：人民出版社，2005年，第641页。

剔红寿春图圆盒

清乾隆（1736—1795）
口径 27.5 厘米，高 12 厘米
故宫博物院藏

- 盒木胎，通体以黄色、绿色漆层为底剔刻锦纹，其上髹厚实的红色漆层，用来剔刻图案。盖面随形开光雕寿春图，聚宝盆内宝物满溢，盆上方有一"春"字，内含圆形开光，寿星端坐其中，旁有苍松瑞鹿，"春"字左右飞龙相伴，四周祥云缭绕。盖壁、盒壁各有四个如意云形开光，内剔刻山水人物图案。盒内及外底髹黑漆，光素无款识。
- 寿春图最早出现于明代嘉靖朝的雕漆作品中，乾隆皇帝也曾多次下旨命苏州工匠制作寿春图漆盒，流传至今的有百件之多。《活计档》对此亦有较多记录。如：

（乾隆十年十月苏州）初九日，司库白世秀、副催总达子来说，太监胡世杰交青花白地小碟二十件。传旨：着照寿春盒样做盒盛装，先做样呈览，准时交南边做雕漆盒二件，每件内装小碟九件，其余二件交茶房做富余。钦此。

于本月二十日七品首领萨木哈将做得装青花白地小碟杉木入角方盒样一件持进，交太监胡世杰呈览。奉旨：照样准做。面子照寿春盒花样成做，其边墙变别花式成做。钦此。

于十一年九月初三日司库白世秀将图拉做得雕漆盒二件，内各盛青花白地小碟九件，持进交太监胡世杰呈进讫。[1]

- 又如：

（乾隆四十二年十二月记事录）十七日员外郎四德、五德将苏州织造舒文送到：……红雕漆寿春盒二对，俱交太监如意呈览。奉旨：……寿春盒交懋勤殿刻诗，亦按原处安设。钦此。[2]（王翯）

[1] 中国第一历史档案馆、香港中文大学文物馆合编：《清宫内务府造办处档案总汇》第113册，北京：人民出版社，2005年，第718—719页。档案中提及的"南边"即指苏州，"图拉"时任苏州织造。

[2] 中国第一历史档案馆、香港中文大学文物馆合编：《清宫内务府造办处档案总汇》第40册，北京：人民出版社，2005年，第496—497页。

乾隆款白套红玻璃云龙纹玉壶春瓶

清乾隆（1736—1795）
高 29.5 厘米，口径 9.5 厘米，足径 11.7 厘米
故宫博物院藏

● 瓶为有模吹制而成，以涅白玻璃做胎，套紫红玻璃为饰。外底中心长方框内阴刻"大清乾隆年制"楷书款。清宫制作玻璃的工艺多达七八种，成就最高的品种是套玻璃，主要有白套红、白套蓝、白套绿、黑套红、蓝套绿等，其中白套红最多也最精美。玻璃器的装饰以花卉虫草居多，龙凤罕见，可能与玻璃器性脆易损有较大关系。套玻璃工艺需在成型后进行复杂的雕刻制作，一般体量不大，目前视野所及，此为最大者。（翟毅）

乾隆款三色玻璃螺旋纹撇口瓶

清乾隆（1736—1795）
高 28 厘米，口径 11 厘米，足径 7 厘米
故宫博物院藏

● 瓶呈喇叭状圆口，高圈足，底部外撇。口沿和足部套碧绿色玻璃，使用搅料工艺，颈、腹部饰白、蓝、红三色相间的条带纹，通体螺旋缠绕。搅料工艺是乾隆时期创造的一种新的玻璃装饰工艺，类似于拧丝。足底阴刻楷书"乾隆年制"四字款。在玻璃器上最早出现款识的时间是清康熙年间，直到清末，此瓶刻款呈单字分别处于四个方向。（翟毅）

第四单元

龙袍袈裟　兴黄安蒙

　　藏传佛教是中国佛教的重要组成部分，13世纪开始传入内地。为元朝皇室所崇信。明朝亦奉行尊崇藏传佛教的政策。满族在入关前，便从蒙古传入了藏传佛教。清朝统治者把扶植藏传佛教作为治理蒙藏的重要国策，乾隆皇帝指出"兴黄教即所以安众蒙古，所系非小，故不可不保护之"，历代皇帝奉行不渝，借助佛教的影响，安定蒙藏，巩固边防，维护国家统一。

　　乾隆时期则是清宫藏传佛教发展的鼎盛时期，据《章嘉国师若必多吉传》记载："天神大皇帝（即乾隆皇帝）为了增盛佛教和众生的幸福，历年不断地修建了不可思议的众多佛殿和身语意三依所（经、像、塔）……凡是西藏有的，这里无所不有。"特别是乾隆时期所创建的佛堂及佛堂里的陈设，甚至让来京为乾隆祝寿的六世班禅大师亦大为吃惊。

　　清宫佛堂因处于皇宫禁城的特殊环境中，大部分至今仍保持了乾隆时期的原始状态，从建筑到文物完整地展现了清代历史空间原貌。这些清代原状佛堂，是极其珍贵的文化遗存、世所罕见的藏传佛教艺术宝库。清宫佛堂建于帝后起居之处，属于私生活范围，是绝不容外人踏入窥测的禁地。清帝没有必要在自己寝居之处作崇奉黄教、安抚蒙藏的政治姿态，它最真实地反映出清帝对藏传佛教的信仰实况。

紫檀木雕花框乾隆皇帝御笔七言对联

清乾隆（1736—1795）
纵 168 厘米，横 32 厘米，厚 2.5 厘米
故宫博物院藏

● 紫檀木框，其上浮雕八宝纹。联曰："便有香风吹左右，似闻了义示缘因。"上联右上角钤椭圆形篆书阴文印"奉三无私"；下联左下角钤方形篆书印两方，一为阳文"所宝惟贤"，一为阴文"乾隆御笔"。原挂于紫禁城乾隆花园萃赏楼紫檀木雕花框极乐世界佛屏的两侧。（文明）

紫檀木雕花框极乐世界佛屏

清乾隆(1736—1795)
纵166厘米,横93厘米,厚7.2厘米
故宫博物院藏

- 此类佛屏在清宫档案中被称作"漆泥子佛挂龛",为供奉佛教尊神的龛,多挂于佛堂之中。边框为紫檀木,杉木为心,挖出供龛95个,每龛供奉一尊有藏文题名的泥擦擦佛。
- 佛屏正中的高僧端坐在三层大宝楼下正中,上二层中有密集金刚、大威德金刚、胜乐金刚等。头上正中是最高本初佛大持金刚。正中的主尊为乾隆皇帝,作西藏高僧打扮,与文殊菩萨的特征一致,坐垫下方有两行藏文诗。佛屏以乾隆皇帝作为文殊菩萨在世间的转轮圣王,由此纳入藏传佛教的神系中。(罗文华)

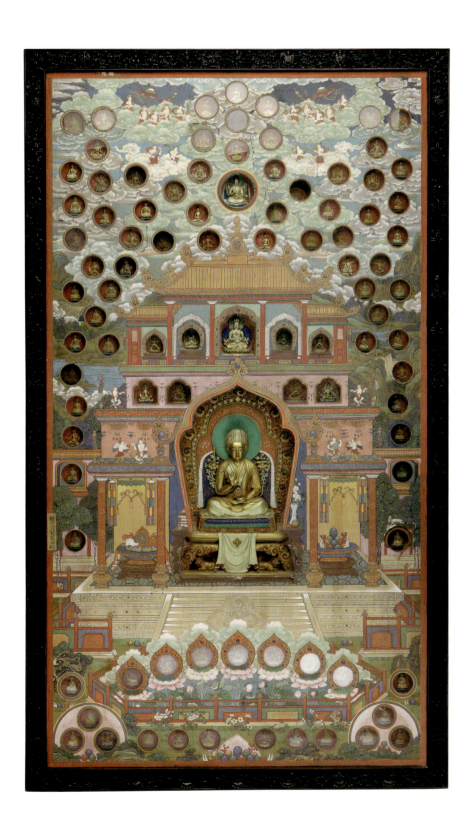

紫铜刻花文殊菩萨

清乾隆（1736—1795）
底宽 50.5 厘米，高 78.7 厘米
故宫博物院藏

● 文殊菩萨，又称文殊室利、曼殊室利等，是佛教智慧的象征。文殊菩萨三面四臂，头戴五叶冠，面部泥金，戴大耳珰。右上手上举持智慧剑，下手施期克印持长羽箭，左上手持弓，左下手施期克印持莲枝，莲枝沿臂而上，在左肩开敷，莲花上置般若经卷，下身着裙，全跏趺坐于仰覆莲底座上。这种形象是文殊菩萨密教形象的变化身之一，称作"敏捷文殊"。供奉于紫禁城内雨花阁。

● 从元代直到清代，藏族人的观念中，北京的皇帝都是文殊菩萨在世间的转轮王化现，故称为"文殊室利大皇帝"。因此，文殊菩萨不仅是藏传佛教中的重要尊神，在宫廷佛教中更有不可替代的重要地位。（文明）

乾隆款金同侍从大威德金刚三连尊

清乾隆（1736—1795）
座长 21.8 厘米，宽 8.6 厘米，通高 17.6 厘米
故宫博物院藏

● 三连尊为八五成金质，底座为八成金，全重 6090 克。底座莲台上伸出莲蔓，分作三枝，上各承莲台及一位尊神，大威德金刚居中，拥抱明妃持明佛母；阎摩、吉祥天母分侍两侧，莲台正中有"大清乾隆年敬造"款。大威德金刚是藏传佛教格鲁派崇奉的三大本尊之一，是文殊菩萨的忿怒化身。（杨立为）

乾隆皇帝御题碧玉"罗汉图"山子

清乾隆（1736—1795）
高 26.7 厘米，宽 19.2 厘米，厚 6.9 厘米
故宫博物院藏

- 碧玉质，正面随玉形雕罗汉图。罗汉手持净瓶，坐于山石上，背倚芭蕉树。身旁一只羚羊，口衔灵芝，作回首状。右上阴刻行书填金乾隆皇帝御题《唐人罗汉赞》：

庞眉台背，示此幻身。西天弗居，而居圣因。筇竹罢扶，盘陀且坐。一弹指间，无可不可。羚羊挂角，衔芝而来。埋没家宝，有如是哉。左持净瓶，忽现大士。明圣之湖，全贮其里。后注：圣因寺僧明水献此，因为之赞，仍命珍弆寺中，为山门佳话。乾隆壬午暮春并识。

- 末署"几暇怡情"阴文、"乾隆辰翰"阳文篆书印。乾隆壬午即乾隆二十七年（1762）。
- 背面镌刻行书填金《般若波罗蜜多心经》，并附后记：

既制罗汉赞题，付寺僧弆藏，以毫相光中，大士现身，因金书心经于帧首，附以梵文咒句，使心印陀罗，同登善果，作法宝护。御笔再识。

- 末署"乾"圆、"隆"方，并"几暇怡情"阳文篆书印。
- 山子下配紫檀木座，座上雕松树、竹叶纹。（黄英）

锦边缂丝上乐王佛唐卡

清乾隆（1736—1795）
外：纵170厘米，横99厘米
画心：纵94厘米，横68厘米
故宫博物院藏

● 上乐王佛也称作上乐金刚，与密集金刚、大威德金刚共同组成藏传佛教格鲁派最为尊崇的三大本尊。此幅为常见的四面十二臂两足像，四面颜色各异，每面有三目，表示能观照过去、现在和未来三世。头戴骷髅冠，表示无常和勇武。主尊身体为深蓝色，背披白象皮，腰围虎皮裙，象征无畏和勇猛。项挂五十个人头骨串成的念珠，代表佛教全部经典。十二双手臂持有各种法器，主臂两手分别持金刚杵和金刚铃，还拥抱明妃金刚帕姆。画面左上方为一位印度大成就者，右上方为黄教祖师，画面下方为六臂大黑天。

● 唐卡后贴白绫签，其上有用汉、满、蒙、藏四种文字书写的题记，其中汉文为："乾隆四十六年十一月初五日，钦命章嘉呼图克图认看供奉利益缂丝毫阴体上乐王佛。"此件唐卡是在本色地上缂织佛像，纬线设色退晕与间晕相结合，采用平缂、构缂、长短戗、木梳戗、凤尾戗、包心戗等多种缂丝技法，局部作着笔点染。（文明）

锦边缂丝密集金刚唐卡

清乾隆(1736—1795)
外:纵170厘米,横99厘米
画心:纵94厘米,横68厘米
故宫博物院藏

● 密集金刚也称作秘密佛。本幅密集金刚蓝色身,三面六臂,头戴五叶宝冠。主臂双手各持金刚杵和金刚铃,拥抱明妃可触金刚母,象征方法与智慧双运。右侧手持法轮、白莲,左侧手持摩尼宝珠、宝剑。全跏趺坐于莲座上。画面上方空界处,正中为大持金刚,其右侧为龙树和西藏黄教祖师,左侧为玛尔巴译师,戴红帽者为萨迦派祖师;画面左下角白色裸者为婆罗门大黑天。(文明)

下编

锦边缂丝大威德金刚唐卡

清乾隆（1736—1795）
外：纵170厘米，横99厘米
画心：纵94厘米，横68厘米
故宫博物院藏

- 大威德金刚亦称威罗瓦金刚。主尊大威德金刚为九面三十四臂十六足，九面中前方为一水牛面，最顶上一面为文殊菩萨像。主尊蓝色身体，主臂拥抱白色明妃罗浪杂娃；展左姿站立，右边八足踏水牛等走兽；左边脚下踏鹜、枭等飞禽，其下有天王明妃等诸天神。三十四只手中持铃、杵、箭等兵器。画面上方为两位印度大成就者，下方为阎罗王。
- 据《活计档》记载，以上三幅缂丝唐卡均由苏州织造负责制作，从乾隆四十四年（1779）十一月二十二日下旨开工到乾隆四十六年（1781）十月二十一日制作完成送进宫内，耗时近两年。[1]（文明）

[1]"（乾隆四十四年十一月行文）二十二日员外郎四德、五德，催长大达色来说，太监鄂鲁里传旨：佛堂收供缂丝上乐王一轴、秘密佛一轴、呀吗达嘎一轴，俱配黄纺丝帘，得时赏班禅额尔德尼。再交苏州织造全德照先绣缂做过上乐王、秘密佛、呀吗达嘎一样缂做三轴，绣做三轴送来收供。钦此。于十二月初五日员外郎四德、五德，催长大达色为交苏州绣做上乐王、呀吗达嘎、秘密佛三轴，缂做上乐王、呀吗达嘎、秘密佛三轴，查得吉云楼佛箱内收供绣上乐王、呀吗达嘎、秘密佛三轴，发往做样持进交太监鄂鲁里呈览。奉旨：准发往苏州，照样绣做三轴、缂做三轴，京内镶边、配银纱头。钦此。于十二月二十七日将缂丝佛像三轴配得黄纺丝帘，安在养心殿呈进，交佛堂讫。于四十六年十月二十一日将苏州送到缂丝佛像三轴、绣佛像三轴持进，交太监鄂鲁里进讫。"引自中国第一历史档案馆、香港中文大学文物馆合编：《清宫内务府造办处档案总汇》第42册，北京：人民出版社，2005年，第640—641页。

青玉五供

清乾隆（1736—1795）
香炉：炉高 25 厘米，通高 31 厘米
蜡扦：底径 13 厘米，高 50.5 厘米，通高 57 厘米
花觚：底径 9.5 厘米，高 28.5 厘米，通高 76 厘米
故宫博物院藏

- 五供又称五具足，由香炉一件、蜡扦与花觚各一对组成，是修法必须供奉的五种物品。这套五供为青玉制成，通体浮雕莲花、蝙蝠等吉祥寓意图案，下承铜镀金底座。（文明）

下编

乾隆皇帝御题过去七佛青玉钵

清乾隆（1736—1795）
口径 18.5 厘米，高 15.5 厘米
故宫博物院藏

● 钵青玉质，表面染成蓝色。深直腹，圜底。供奉于紫禁城雨花阁西配楼。钵外壁阴刻填金"过去七佛像"和乾隆皇帝丙午年（即乾隆五十一年[1786]）御笔《过去七佛偈》（附1），落款后阴刻圆形阴文乾卦印"☰"和方形篆书阳文印"隆"。内壁阴刻填金《题和阗玉七佛钵》御制诗一首（附2）。从乾隆皇帝对该诗的自释可知，乾隆皇帝从唐人皮日休的《开元寺佛钵诗》（附3）中得知苏州开元寺[1]藏有"帝青石佛钵"，乾隆丁丑年（即乾隆二十二年[1757]）南巡时曾到寺"索观"，却发现是"陶器而非帝青石"。返京后，乾隆皇帝先是"命良工选伽楠香肖其制为之"，后觉得"伽楠香不若玉之坚"，又采用和阗美玉精雕细作而成。

● 《活计档》对这件佛钵的制作也有详细记录，从乾隆四十七年（1782）十月二十六日下旨让苏州织造制作七佛偈钵，到乾隆五十一年二月二十七日制作完成，耗时近三年四个月，[2] 随后"交懋勤殿刻字"。[3] （文明）

[3] 引自中国第一历史档案馆、香港中文大学文物馆合编：《清宫内务府造办处档案总汇》第49册，北京：人民出版社，2005年，第197页。

"乾隆五十一年二月记事录）二十七日苏州坐京家人孙鉴持来信帖一件，内开二月二十二日苏州送到：青玉七佛偈钵二件。随做样木钵一件；澄泥砚大小二分；安奉三无私呈览奉旨，俱交懋勤殿刻字。澄泥砚交梁各庄，秋兰各一分摆于三月二十六日将苏州送到：青玉七佛偈钵二件。随做样木钵一件；澄泥砚大小二分；安在奉三无私呈览。钦此。

[2] 引自中国第一历史档案馆、香港中文大学文物馆合编：《清宫内务府造办处档案总汇》第45册，北京：人民出版社，2005年，第413页。

"（乾隆四十七年十月行文）二十七日接得库掌福庆押帖，内开十月二十六日太监鄂鲁里传旨：着启祥宫挑玉，做七佛偈钵二件。钦此。随挑得大山料玉一块重二百斤，画得钵二件，高四寸五分，径过七寸，交鄂鲁里呈览。奉旨：交苏州织造四德，照做过七佛偈钵一样成做，如有钵样照样成做，如无七佛偈钵木样，向玉壶冰要。钦此。于五十一年二月二十七日苏州送到青玉钵二件、做样木钵一件呈进讫。

[1] 初名通玄寺，始建于三国东吴时期。唐开元二十六年（738）改名开元寺。唐大顺二年（891）毁于战火。五代后唐同光三年（925）吴越钱氏将寺庙迁至苏州盘门内现址重建。清咸丰十年（1860）又毁于战火。

第一毘婆尸佛偈
諸惡莫作　諸善奉行
自淨其意　是諸佛教

(空無所住)

附1：
过去七佛偈

　　身从无相中受生，犹如幻出诸形象，幻人心识本来无，罪福皆空无所住。第一毗婆尸佛偈。
　　起诸善法本是幻，造诸恶业亦是幻，身如聚沫心如风，幻出无根无实性。第二尸弃佛偈。
　　假借四大以为身，心本无生因境有，前境若无心亦无，罪福如幻起亦灭。第三毗舍浮佛偈。
　　见身无实是佛身，了心如幻是佛幻，了得身心本性空，斯人与佛何殊别。第四拘留孙佛偈。
　　佛不见身知是佛，若实有知别无佛，智者能知罪性空，坦然不怖于生死。第五拘那含牟尼佛偈。
　　一切众生性清净，从本无生无可灭，即此身心是幻生，幻化之中无罪福。第六迦叶佛偈。
　　法本法无法，无法法亦法，今付无法时，法法何曾法。第七释迦牟尼佛偈。

附2：
题和阗玉七佛钵
——《清高宗御制诗集·五集卷二十七》

　　帝青石钵日休诗，开元寺藏久然疑。
　　苏州开元寺佛钵见皮日休诗，序云"帝青石作"。丁丑南巡索观，则陶器而非帝青石。盖时代变迁，焉知不出于寺僧作伪，向屡有诗辨伪。
　　因以伽楠重肖刻，佛号佛偈明镌题。
　　开元佛钵虽非帝青石而形制古雅，回跸后命良工选伽楠香肖其制为之，上刻七佛号并佛偈。七佛者，第一毗婆尸佛，第二尸弃佛，第三毗舍浮佛，第四拘留孙佛，第五拘那含牟尼佛，第六迦叶佛，第七释迦牟尼佛，均一一镌题钵上。兹复以伽楠香不若玉之坚，因复刻此和阗玉钵，永为供奉云。
　　无号为空称号有，有空于佛胥弗取。
　　乃今并偈各注明，此义与佛差别否。
　　复因木脆玉实坚，图坚一再琢和阗。
　　岂弗愈去斯愈远，七佛无语笑靰然。

附3：
开元寺佛钵诗
（唐）皮日休

　　帝青石作绿冰姿，曾得金人手自持。
　　拘律树边斋散后，提罗花下洗来时。
　　乳麋味断中天觉，麦麨香消大劫知。
　　从此共君新顶戴，斜风应不等闲吹。

乾隆款金釉五彩瓷法轮

清乾隆（1736—1795）
底径 11 厘米，高 27 厘米
故宫博物院藏

● 法轮又称梵轮，为佛前常设供器。佛教中即常以法轮比喻佛法，以法轮转动比喻佛说法如法轮常转、永不停息。法轮瓷胎，通体施金色釉。上部为扁平圆桃形，两面纹饰相同，中心饰天蓝色花瓣、红色花蕊的菊花，周围饰八个红蓝彩的菱形轮辐与轮壁相连接，以此代表佛陀之八正道。轮辐及外周一圈饰以橙、蓝、浅蓝相间的宝石釉色，仿金法轮镶嵌珊瑚、青金石、绿松石。轮壁外圈饰卷云纹。下部为圈足，上下边缘环饰卷云纹、连珠纹，胫部饰凸起的莲瓣纹，莲瓣尖微卷。外底署方形六字篆书款"大清乾隆年制"。（鲍楠）

乾隆款绿地粉彩八宝缠枝莲纹藏草瓶

清乾隆（1736—1795）
底径 10 厘米，高 25.7 厘米
故宫博物院藏

● "瓶"在佛教中是祥瑞和如意的象征。以瓶盛五宝、五香、五药、五谷及五精华等，以供养佛菩萨，可开显净菩提心之德。藏草瓶因其瓶口内通常插有藏草，故而得名，为佛前常设供器之一。此瓶乃乾隆年间由景德镇御窑烧制。小圆口，圆鼓腹，圈足。颈部饰以一周蓝、黄、红三色垂带状纹饰，圈足绘以蓝、黄二色变形仰莲纹，其余部分以绿釉为地，上绘八宝纹和缠枝莲纹。八宝纹，亦称八吉祥纹，即以藏传佛教象征吉祥的八件宝物为题材的纹饰，是常见的佛教纹样。圈足外底署长方形篆书款"大清乾隆年制"。（鲍楠）

红色缎绣缀象牙璎珞佛衣

清乾隆（1736—1795）

裙：长96厘米，腰宽80厘米，下摆宽105厘米

云肩：纵121厘米，横93厘米

袖长59厘米，袖口宽11厘米

故宫博物院藏

- 璎珞佛衣是藏传佛教高僧在重大宗教法事时所穿用的服饰，一套5件，分别为白、蓝、黄、红、绿五色，故在清宫档案中称作"五色缎绣面象牙璎珞衣"[1]。
- 在藏传佛教中，五色代表"五方佛""五蕴"和"五智"，红色代表"西方阿弥陀佛"，所净五蕴是"想蕴"，所成佛智为"妙观察智"。此佛衣以红色素缎为地，上绣饰图案，表层缀饰染红色象牙璎珞，璎珞由染牙珠和染牙雕花板组成。佛衣由裙、袖、云肩、饰品等四部分构成。（杨紫彤）

[1]《活计档》中保留了不少苏州织造奉旨制作"五色缎绣面象牙璎珞衣"的记录，试举一例：

"（乾隆三十二年）十一月（行文）初二日催长四德、五德，笔帖式富呢呀汉来说，太监胡世杰传旨：将雍和宫璎珞衣送进呈览。钦此。

于本日随将五色象牙璎珞衣五件、全五佛冠一件、发巾一顶、飘带二条，交太监胡世杰呈览。奉旨：照全五佛冠、发巾、飘带样成做二分，其五色璎珞衣照样成做十件。钦此。

于三十三年二月初三日催长四德、五德将照雍和宫五色璎珞衣，画得五色璎珞衣、发巾、飘带、五佛冠等样一分，交太监胡世杰呈览。奉旨：着交苏州织造萨载，照样绣做五色璎珞衣五分，每分五件；连璎珞一并成做，其象牙京内带去，得一分即先送一分来。所有金活着造办处成做，钦此。

于三十三年三月十八日催长四德、五德将苏州为做绣五色璎珞佛衣二十五件，今料估得每件用象牙四十五斤，二十五件共约用象牙一千一百二十五斤，缮写清单一件，交太监胡世杰转奏。奉旨：准将象牙发去，照样成做。钦此。"

引自中国第一历史档案馆、香港中文大学文物馆合编：《清宫内务府造办处档案总汇》第30册，北京：人民出版社，2005年，第768—770页。

下编

乾隆款白玉铃

清乾隆（1736—1795）
口径9.7厘米，高18.4厘米
故宫博物院藏

● 铃白玉质，略呈灰色。由铃身、铃柄、铃舌三部分组成，铃身整体呈覆钟形。铃柄顶端为五股金刚杵头，中央为头戴宝冠的般若波罗蜜多女神头像，下端阴刻"乾隆年造"四字楷书款。金刚铃和金刚杵是藏传佛教中常见的两种法器，通常配套使用。铃杵合并使用时，金刚铃代表着"慈悲"，金刚杵则代表"智慧"。金刚铃主要为督促众生精进、警觉，劝请诸佛菩萨，令彼等欢喜之用。（黄英）

乾隆款白玉杵

清乾隆（1736—1795）
长12厘米，宽3厘米
故宫博物院藏

● 杵白玉质，略呈灰色。中间琢一个束腰圆珠，是为杵脐，表面阴刻"乾隆年造"四字楷书款。杵脐两侧各有一莲花托，背向，托上各向外伸出五股，象征五方佛及五智。中股呈四棱形，顶端尖锐；四个协股形如弯钩。五股于顶端相交。置于随形紫檀木座上。

● 杵原本是古代印度的兵器，后来演变为法器，由于其质地坚固，能击破各种物质，故称为金刚杵。据《活计档》记载，苏州织造多次奉旨制作玉质铃、杵。[1]（黄英）

[1]"（乾隆四十年二月行文）二十八日员外郎六格押帖一件，内开正月二十六日太监胡世杰传旨：着如意馆挑玉做铃、杵、嘎布拉鼓二分。钦此。于本日挑得四等玉石子二块，一块重二十三斤，画得嘎布拉鼓二件、铃一件、杵二件；一块重三十八斤，用一半画得铃一件，交太监胡世杰呈览。奉旨：着交苏州织造舒文处成做。钦此。四十一年七月初一日库掌五德将苏州青玉嘎布拉鼓一分持进讫。"四十一年十月二十八日员外郎四德、库掌五德、福庆将苏州送到青玉嘎布拉鼓一件，铃、杵各一件持进，交太监如意呈进讫。"
引自中国第一历史档案馆、香港中文大学文物馆合编：《清宫内务府造办处档案总汇》第38册，北京：人民出版社，2005年，第628—629页。

乾隆款青玉嘎布拉鼓

清乾隆（1736—1795）
口径 12.3×11 厘米，高 7.7 厘米
故宫博物院藏

◉ 嘎布拉，亦称"嘎巴拉"，为梵语"骷髅"的音译，通常指头盖骨，象征大悲与空性。此鼓青玉质，模仿人头骨的形状雕制成形。鼓面失粘，可见鼓腔相接处中有一孔。鼓面髹绘绿地描金云龙纹。中腰束以镀金嵌松石箍圈及各色飘带，鼓壁另有阴文填金"乾隆年造"四字楷书款。

◉ 附圆形漆皮盒，盒盖内有白绫签一，上有墨书汉、满、蒙、藏四体文题记，其中汉文为："乾隆五十九年五月二十日交利益新造青玉嘎布拉鼓一件。"与《活计档》中相关记载进行比对，可知这件青玉嘎布拉鼓正是由苏州织造雕刻制作，送进宫内后由造办处补齐装饰并配盒套，最后送至承德避暑山庄，供奉于紫浮殿内。〔1〕（林欢）

[1]「(乾隆五十九年五月记事录)二十日将苏州送到:刻天恩四得青玉宝一分;刻四得论青玉册页一分,随本文墨拓、青玉嘎布拉鼓一片,计十片,墨拓、青玉嘎布拉鼓、铃、杵一分,红飞金五万张;呈览。奉旨:玉册宝交宁寿宫。墨拓交如意馆裱册页。玉嘎布拉鼓、铃、杵,鞓皮、配银镀金腰箍、五色香片金飘带、鞓皮画金套,交造办处库。钦此。
于十一月十一日将玉嘎布拉鼓、铃、杵一分,鞓皮、配银镀金厢松石腰箍、五色片金飘带、鞓皮画金套,呈览。随交出松石珠一个,内库。奉旨:将松石珠在嘎布拉鼓上做结子用。钦此。
于十一月十四日将玉嘎布拉鼓、铃、杵一分,随鞓皮画金套呈进,交热河紫浮记。」
引自中国第一历史档案馆、香港中文大学文物馆合编:《清宫内务府造办处档案总汇》第54册,北京:人民出版社,2005年,第400—401页。

结语

  清高宗乾隆皇帝上承祖、父之伟业并使之发扬光大，其在位期间政治安定，经济复苏，人口增速极快，与康熙、雍正两朝合称"康乾盛世"，是中国古代史上颇具代表性的盛世之一。"康乾盛世"中的江南则"最是红尘中一二等富贵风流之地"，风物清嘉、精致婉约，乾隆帝不仅时时巡游，而且大到园林假山，小至玉杯漆碗，刻意复建仿制，在宫廷中再造江南。"下江南——故宫博物院藏乾隆时期文物展"是乾隆帝另一种形式的"再下江南"，可与当下的江南相互观照。

  盛世之下，时空的另一个维度，此时西方世界正在发生剧烈变革，危机潜伏。而乾隆帝自诩"十全武功"，在八十二岁时创作《御制十全记》，夸耀其武功，浑然不觉西方世界的剧变。但乾隆皇帝仍可被称为声名显赫、颇有作为的封建帝王，乾隆一朝亦成为中国古代文明发展的最后高峰。

图书在版编目（CIP）数据

故宫里的江南：清代宫廷珍玩与苏作 / 吴中博物馆编 . — 北京：北京大学出版社, 2022.1
ISBN 978-7-301-32553-7

Ⅰ. ①故… Ⅱ. ①吴… Ⅲ. ①博物馆 – 历史文物 – 介绍 – 吴县 – 清代 Ⅳ. ① K872.534

中国版本图书馆 CIP 数据核字 (2021) 第 190412 号

书　　　名	故宫里的江南：清代宫廷珍玩与苏作 GUGONG LI DE JIANGNAN:QINGDAI GONGTING ZHENWAN YU SUZUO
著作责任者	吴中博物馆　编
策　　　划	陈曾路
责 任 编 辑	张丽娉
书 籍 设 计	曹文涛
标 准 书 号	ISBN 978-7-301-32553-7
出 版 发 行	北京大学出版社
地　　　址	北京市海淀区成府路 205 号　100871
网　　　址	http://www.pup.cn 新浪微博：@ 北京大学出版社　@ 培文图书
电 子 邮 箱	北京市海淀区成府路 205 号　100871
电　　　话	邮购部 010 – 62752015　发行部 010—62750672　编辑部 010—62750883
印 刷 者	北京启航东方印刷有限公司
经 销 者	新华书店
	787 毫米 ×1092 毫米　16 开本　14.25 印张　150 千字 2022 年 1 月第 1 版　2022 年 1 月第 1 次印刷
定　　　价	128.00 元

未经许可，不得以任何方式复制或抄袭本书之部分或全部内容。
版权所有，侵权必究
举报电话：010—62752024　电子信箱：fd@pup.pku.edu.cn
图书如有印装质量问题，请与出版部联系，电话：010—62756370